U0610855

更化与绍述

新旧党争大爆发

主编 耿元骊

宋朝往事 系列

黄敏捷 著

辽宁人民出版社

© 黄敏捷 2023

图书在版编目（CIP）数据

更化与绍述：新旧党争大爆发 / 黄敏捷著 . —沈阳：辽宁人民出版社，2023.1
（宋朝往事系列 / 耿元骊主编）
ISBN 978-7-205-10546-4

Ⅰ．①更… Ⅱ．①黄… Ⅲ．①元祐党争—研究　Ⅳ．① K244.05

中国版本图书馆 CIP 数据核字（2022）第 152933 号

出版发行：辽宁人民出版社
　　　　　地址：沈阳市和平区十一纬路 25 号　邮编：110003
　　　　　电话：024-23284191（发行部）　024-23284304（办公室）
　　　　　http://www.lnpph.com.cn
印　　刷：北京长宁印刷有限公司天津分公司
幅面尺寸：165mm×235mm
印　　张：15.75
字　　数：190 千字
出版时间：2023 年 1 月第 1 版
印刷时间：2023 年 1 月第 1 次印刷
责任编辑：赵维宁
封面设计：乐　翁
版式设计：一诺设计
责任校对：吴艳杰
书　　号：ISBN 978-7-205-10546-4
定　　价：58.00 元

总　序

宋朝的魅力，势不可当，有越来越多的人爱读宋朝故事，这从"宋朝往事"第一辑所受到的欢迎程度也可见一斑。10位青年学者，以自身长期积累的学术优势，通俗而不媚俗、讲史而不戏说的独特风格，赢得了广大读者的认同。也因此，在辽宁人民出版社的支持下，我们延续前缘，继续组织撰写了"宋朝往事"的第二辑。

关于宋朝的一般性概括，在第一辑总序当中已经说过了。说过的话，多数情况下，理所当然不应该重复。但是下面这段话，是我们两次编撰"宋朝往事"的共同圭臬，所以请让我再次引用孟浩然的这一句"人事有代谢，往来成古今"，因为它最能代表我们的心情和缘起之思。我们就是想通过人和事两方面，与读者诸君讨论宋朝的独特之处。宋的风雅、宋的政事、宋的富庶，都体现在人和事之中了。没有那些独特的人，风雅不可见；没有那些风雅之士的行动，政事不可知；没有那些百姓的努力创造，富庶无可求。想要全方位地观察宋、了解宋、欣赏大宋之美，就请和我们一起来回首宋朝往事。

面对浩瀚宇宙，面对苍茫大地，面对漫漫人生，我们的内心常常涌起一种深远庄严之感，不由得想去探究和思考。这就是人之所以为人的根本，只有人类才渴盼了解自身，试图了解自己的过往。而有着世界上最长久、最多历史记载的中华民族，也算得上是更愿意了解自身历史的族群之一。与过去的历史人物、事件建立起属于我们自身的沟通管路，唯一的渠道和办法，就是读史。读其书，想其人，念古人或雄壮或卑微的一生，感慨万千，油然而生的一种复杂情绪自会弥漫胸间。这大概也是想了解历史、阅读历史的普通读者常有的心境。

不过世易时移，大多数非专业读者，基本已经不再能识读繁体字了，更不要说能较为畅达迅速地理解文言文。而处于压力极大的现代社会，人们的状态都是每日疲于奔命。让有阅读渴望的各行各业读者，都能重新从工具层面开始入手研读，实在是不可能的奢望，也是强人所难。但是满足爱读史的读者的渴求，也是我们这些从事专业研究的职业学者仍然不可忽视的职责所在。所以回首"宋朝往事"，提供一种虽然是"快餐"，但尽量做到最佳的"快餐"，就是我们这些职业学者试图为其他行业读者提供的一点微不足道的小贡献。

在第一辑基础上，我们再次选择了五人五事，同我们亲爱的读者一道，再次进入宋朝的天地时空。赵普、包拯、狄青、陆游、文天祥这五位代表性人物，就此进入了读者诸君视野。赵普是宋朝开国元勋，也是宋初文臣之中较为有名的一位。一生之中三次入朝为相，影响很大。世人知道他，多以那句"半部《论语》治天下"的典故。他长于吏道，善于出谋划策，"智深如谷"，开国大政，多依赖于赵普的策划。在我们已经了解赵匡胤的基础上，自然也要了解一下这位开国谋士。包拯在明清以后，已经成为中国古代清官的杰出代表，是为政清廉、公正执法、断案如神的象征，民间呼为"包青天"。以他为主角衍生出的历史演义、戏剧小说、电影电视剧等为数众多且历代相传。戏说虽然于史无证，却激起我们窥探历史上包拯究竟是何种模样的极大兴趣。狄青从一名出身低微的基层农家子弟应征入伍，一无权二无势，通过自己精湛的武功、高妙的指挥能力和优良的人品，以及在国家危难之际奋不顾身的突出表现，成长为接近权力巅峰的枢密使，是底层小人物逆袭的典型，后代小说家甚至以他为主角写成了诸多小说演义作品。传说狄青是武曲星下凡，与文曲星下凡的"包青天"一起享誉天下。陆游是伟大诗人和伟大爱国者，大多中国学生都学习和背诵过那首千古名诗《示儿》，他一辈子渴望北伐中原，收复失地，但是时代没有给陆游这样的机会。以南宋大历史，以宋金和战历史来做背景，我们才能发现一个真实的陆游。文天祥更是我们常常耳闻的人物，为了匡扶南宋这座将倾的大厦，妻离子散，家破人亡，但依然志向不改、视死如归。文天祥伟大的人格力量，在中华历史上铸就了一块无与伦比的正气丰碑，内化成为中华优秀传统文化不可分割的一部分。纵观文天祥一生，无负于"人生自古谁无死，留取丹心照汗青"的铮铮誓言。

　　与五人同时，就是我们常常想了解的"大事"。这些大事，在宋代历史上也极为关键。女主临朝、更化到绍述、宋夏之战、襄阳保卫战、崖山暮光，是我们观察宋朝、了解宋朝不可缺少的环节。宋真宗皇后，章献明肃刘皇后在历史上也是一个有名的皇后，关于她的故事，最著名的传说就是"狸猫换太子"了，而这只是个编造的谎言。事实上，刘皇后作为宋代第一位垂帘听政的太后，在她身上发生的故事远比"狸猫换太子"更加精彩。熙丰变法由神宗与王安石共同发起，最后到了神宗的儿子手上，却逐渐由改善宋代民生、行政、财政、兵政的大目标，转而成为朝廷清除异己与聚敛财富的工具，丧失了它的正当性，而这一切还是在继述神宗之志旗帜下进行的。借着更化到绍述之名，大宋这一艘漏水航船驶入了更加风雨飘摇的末路。而自宋建国起，宋朝与党项李氏一直保持着友好关系，西部边界也一直处于相对稳定的局面，直到李继迁公开与宋朝决裂。党项李氏逐渐壮大，并建立西夏，发展成为足以抗衡辽、宋的地方政权，宋朝西部边患几无宁日，他们之间漫长曲折的战争故事也陆续上演。宋元之间，襄樊大战则是南宋灭亡的关键。让我们一同进入宋末的历史世界，看看身处其中的人物如何抉择，观其言，察其行。在13世纪末的欧亚大舞台上，从全球视角，看看襄樊之战的前因、后果、始末、结局与影响。襄樊大战失败之后，元军继续南下，宋人多路义军闻风而动，试图收复故土，好不热闹。但元军一路直下，鏖战五十年，四川最终陷落。宋廷退守崖山，张世杰摆一字长蛇阵，决战一日，十万军民漂尸海上，南宋彻底灭亡。遗留的大宋忠臣遗民，或以生命为国尽忠，或以生命为国招魂，只留待我们后人唏嘘南宋的往事，或叹或悲或感慨。这样的五人五事，我们再次以立体形式勾勒了大宋面貌。让我们11个人继续努力，期待读者诸君与我们一起走进宋朝，在大宋场景之中，回味历史的波澜壮阔。

　　经过上一轮的磨合，与10位作者已经形成了默契相知。在辽宁人民出版社蔡伟编辑的再次鼓励下，我们继续承担了撰写工作。还是同样的希望，希望我们 11 个人的努力，能让您对真实的历史多一点了解。感谢陈俊达（吉林大学）、黄敏捷（广州南方学院）、蒋金玲（吉林大学）、刘广丰（湖北大学）、刘芝庆（湖北经济学院）、仝相卿（浙大城市学院）、王淳航（凤凰出版社）、王浩禹（云南师范大学）、张吉寅（山西大学）、赵龙（上海师范大学）等一众优秀青年学者（以上按姓名拼音排序）加盟此系列的撰述。虽然刘云军教授因为撰述任务太多未能参与，非常遗憾，但仍感谢云军教授在不同场合给予的大力支持！最后，亲爱的读者，我们一群作者贡献全力，希望能为您的读书生涯增添一点乐趣！让我们一起读宋，知宋，了解宋朝。

耿元骊

2022 年 8 月 18 日于开封铁塔湖

目　录

引子　神宗的遗产

大宋元丰八年（1085）早春时节，这是后来被称为神宗皇帝的赵顼统治宇内的第十九个年头，汴梁古城似乎一切如常，但一切又似乎并不如常。

首先是大辽贺正旦使和副使在去年十二月抵达京师时，皇帝照常在紫宸殿接见他们，宣坐赐茶，但到今年正月初六，这些来贺新年的使节辞行时，皇帝却既没有在紫宸殿接见他们，也没有由执政大臣在都亭驿赐宴饯行。上一次出现这种情况，还是在神宗的父亲英宗皇帝病重的时候。

宋人称大年初一为"正旦"，按常例，这天是举国同欢的日子，皇帝将会在大庆殿举办大朝会，皇宫外将一早就车水马龙，百官经"趋朝路"入宫贺正旦，然后到内东门拜表贺皇太后，辽国等各国的贺正旦使也会出席朝贺，诸路举人、解首亦士服列班，而诸州长吏的贺表，也就是祝贺正旦的奏章也会在这天之前纷纷抵达京师。

但今年与往年不同，今年的正旦静悄悄。

而且，初六那天，东京汴梁的宫观、寺院突然大设消灾祈福道场；初七，皇宫中还宣布大赦天下。大赦的由头，据说是因为"屡获丰年，中外安定美好，适逢和煦的春天到来，需要把皇帝的恩泽广布海内"，但种种异象，让敏感而且消息灵通的京城百姓议论纷纷。有的说，初三那天就听说今上病重了，两府大臣，也就是门下、中书、尚书三省加上枢密院的长官都已经进入内东门去问安了；有的说，何止呀，首相王相公在别的执政大臣解散后，还跟着大珰（宋人对大太监的称呼）进了福宁殿东寝合去看望皇上，看来情况很不妙啊。现在，皇上已经下诏休息五日，都不能上朝了！可见那些道场、大赦，其实就是为皇上的病祈福的呀。

京城百姓的传闻都没错，赵顼是真的病了。而且他起病并不突然。早在去年，也就是元丰七年（1084）秋宴的时候，他就"感疾"。此后他还表示，等过年后就立储，还说到时就请司马光和吕公著为太子的"师保"。他的这番话，着实吓坏了当时的首相王珪和次相蔡确。

当时，赵顼虚岁才三十八，本是年富力强的时候，他的长子赵佣，也就是后来的宋哲宗，虚岁才八岁。按常理说，在位的皇帝都不想过早立太子，以免到自己老年时太子羽翼丰满，反而成为自己的威胁。那么，是什么病使当时已有多名子女，年纪又尚轻的国君突然想到立储呢？由于史料中秘而不宣，我们现在已经无法确切得知。但有一点很明显：赵顼在元丰七年（1084）秋宴前后所犯的病，的确不是偶感风寒这么简单，而是一种让赵顼自己意识到需要对后事有所准备的大病。

盛年皇帝突然立储虽然不太正常，却并非没有先例。让蔡确等人高度警惕的，是赵顼提到的由司马光与吕公著两人任太子师保之事。师保实际上就是教辅太子的老师，在宋代，太子老师的职名有直讲、翊善、赞读、记室参军等，往往由皇帝亲自挑选士论公认的学行修明、出类拔萃的大臣来担任。成为太子的师保之后，这些大臣就经常能与太子坐而论道，以道德文章陶冶太子的性情，让他体悟治国之正道，如果师保们与太子关系好的话，他们的政治理念对太子的影响将十分深远，而且只要太子顺利登基成为新皇帝，师保也往往会成为新皇帝最信任与倚重的人。

然而，神宗提到的这两名大臣，都是在神宗任用王安石进行变法的初期就已经旗帜鲜明反对变法的人。王安石甚至说，重用司马光就相当于"为异论之人立赤帜"，即为反对变法的人们立一个标杆，是不利于变法的。后来，吕公著被莫名加上"污蔑韩琦"的罪名而被贬出朝廷，而司马光则在被神宗提拔为枢密副使后，终因神宗不听其废除新法的建议而自请出守外郡。但是，神宗对司马光的眷顾不减。

司马光所任职的永兴军（治所在今陕西西安市）紧邻西北前线，他到任之后，切身体会到当地百姓的困苦，而对西北用兵的准备更增加了当地百姓的负担。他认为新法的很多措施并不利于当地的社会，所以他不停上章反映、劝谏。而神宗一方面对他礼貌而优待，另一方面却对他的意见一再置若罔闻。最后，司马光愤而辞任，领了一个"提举西京嵩山崇福宫"的闲职，在洛阳闲居。这一去，就是近十年。

但这期间，神宗并没有忘记司马光。到元丰五年（1082），神宗亲手制定新的官制时就曾说过，新的官制推行时，就要将支持新法的"新人"和反对新法的"旧人"掺杂着使用。还说御史台的最高长官御史中丞这个职位，非司马光莫属。

其实，从神宗推行变法以来，无论是认同变法的，还是反对变法的大臣，在执行中央决定的这十几年间，都对新法有了程度不同的新看法。但有几个人，自始至终完全反对新法，这里面就包括司马光、王岩叟等人。所以，声称要召回司马光这位"异议"的旗帜，让宰执们感到难以理解。次相蔡确连忙以"国是方定"为由，希望神宗能推迟一点做决定。司马光所任的这个"提举西京嵩山崇福宫"的任期是三十个月，眼见他已经准备第四次任此职。这一次，神宗虽然同意延后把司马光召回京师，却又留了一个口子。他让司马光这一个任期满后，"不候替人，发来赴阙"，也就是说，在神宗心目中，这将是司马光赋闲的最后三十个月，之后，皇帝就将起用他。

突然想到要重新重用反对变法的领军人物，这表示什么？是暗示神宗对自己此前十多年的路线、对新法产生了动摇吗？神宗提出这个计划的元丰五年（1082），又是个什么时间节点呢？

这不得不说到神宗所属的世系和"原生家庭"给他带来的心结。

我们都知道宋朝开国皇帝赵匡胤身故后，并未传位给自己的儿子，而是传位给弟弟晋王赵光义（后改名炅），是为宋太宗。太宗继位之前发生过两件扑朔迷离的事件。一件是太祖、太宗二人的生母杜太后指定太祖要传位给弟弟的"金匮之盟"，有多人怀疑它的真实性；另一件是太祖身故当晚曾与太宗独处，最后有人看到窗内烛影下两人奇怪的举动与声音，然后太祖就去世，这是所谓的"烛影斧声"事件。这两件事使得太宗的继位过程充满疑云。虽然当时的人都对此深加隐讳，但不难想见的是，太宗在继位后，后半生都一直处于继位合法性遭质疑的阴影之中。而最有希望使太宗摆脱这一阴影的，莫过于在军事上击败辽人，使大宋能收复幽云十六州这样的历史功绩了。因此，在迫使吴越纳土，吞并了南方数个政权后，太平兴国四年（979），太宗就开始率军亲征北汉，灭北汉后又不顾群臣的反对，立即挥师伐辽。只是这次北伐的结果却是三军败绩，太宗负伤而逃，不但收复"汉唐旧地"、使自己一脉血缘发扬光大的梦想没有实现，还使后世的坊间演义又多了一个想象性的疑问——假如当初北伐的是赵匡胤而不是赵光义呢？

后世的好事者对太宗北伐的失败心有不甘，而作为太宗一脉的后人，虚岁二十就登基的宋神宗来说，就更是如鲠在喉。据滕甫（即滕元发）回忆，神宗刚继位的时候，"慨然有取山后之志"。宋人以太行山为坐标，把幽云十六州中靠东南的檀、顺、蓟、幽、涿、莫、瀛这七州称为"山前"，把靠西北的儒、妫、武、新、云、朔、寰、应、代九州称为"山后"。滕甫早年在通判湖州时，已经被世人称赞为"奇才也，后当为贤将"，可见有一定的军事才能。神宗刚继位，就重用滕元发，希望他能来辅助自己完成太宗未竟的事业。一天，神宗和滕甫聊起辽朝之事，动情地说："太宗从燕京城下溃败，辽兵一路追击，宋军临时指挥中心的宝器、仪仗、侍从、宫嫔全部被劫夺，太宗自己还身中两箭，仅能保命逃回来，而且箭伤年年复发，最后还因此而奄弃天下，可见辽人与我们大宋有不共戴天之仇。而现在我们却反而要年年奉献数十万金帛给他们，把他们称为叔父，我们做子孙的，能这样吗？"说完，痛哭失声。要知道，那时他其实只不过是一位年仅十九岁的少年。

另一件让这位少年无法释怀，更让他注定无法做一位安享太平的守成之君的事情，就是他父亲英宗的遭遇与行为。

赵顼的父亲宋英宗并非宋仁宗赵祯所生，而是仁宗的堂兄赵允让之子。仁宗无子，因此按皇室惯例，曾把他接进宫中抚养了数年，赐名宗实。但当仁宗的亲生儿子出生，赵宗实又被送回到生父赵允让身边。最后，仁宗的所有儿子都夭折，而且自己也得了重病，才不得不重新宣诏赵宗实入宫，并立其为皇子，改名赵曙。

从幼年被选入皇宫抚养开始，随着仁宗亲生儿子们的生生死死，赵曙的命运就不断出现起伏与波折。他既不敢确定自己就是皇子，但又不能安稳地只做赵允让的第十三子，据说他的兄弟也因其特殊的遭遇而妒忌、排斥他。而这种未定的身份既可能引人攀附，从而招来横祸；也可能引人构陷，然后同样是招来横祸。因此英宗在正式继位之前，不但其对家庭的身份认同出现严重的问题，而且由于长期的小心翼翼和对前途命运的担忧，他变得非常神经质。最终，在赵曙正式成为皇帝后，没几天，他就开始得病，无法理政，也无法主持仁宗丧事中的很多环节，只能由英宗的养母，也就是仁宗的遗孀曹太后垂帘听政，处理国事。

英宗的病情一直时好时坏，与曹太后的关系更是每况愈下。英宗的皇后高氏，本来是曹太后的外甥女，从小入宫，在曹氏身边长大，与英宗曾是青梅竹马的玩伴。但这时高皇后却也与英宗一样，与曹太后不和。在太后垂帘这段时间，宫中由此闹出不少矛盾。好不容易英宗病好了，却又执意要称自己的生父濮安郡王赵允让为"皇考"，由此又引发了持续近两年的"濮议"风波。朝中大臣分为对立的两派，相互攻讦，皇室礼议成为街头巷尾的谈资怪闻。最关键的是，这一次关于濮王身份的大讨论，牵扯了大量的人力与行政资源，毒化了仁宗以来的政治氛围，削弱了台谏系统对皇权的约束，最终，等到濮议结束，英宗终于准备把精力放在治国理政上的时候，他的生命已经剩下最后几个月了。

赵顼随父亲入宫时，虚岁十五，已经开始懂事了。这一切，作为长子的赵顼统统看在眼里。他心知朝廷中人对自己父亲的观感，也明白自己的父亲实在算不上一位称职的皇帝；而且，父亲既然已经过继给了仁宗与曹氏，在礼法上就是仁宗与皇后曹氏的儿子，但他既借病不为仁宗主持虞祭仪式，又与养母曹氏关系闹僵，还执意要抬高自己的生父濮王的身份地位，因此也不能被称为孝子。他为此而忧心。但他能做的，也只能是自己做得更好：代替父亲，与曹氏、高氏搞好关系；与赶走台谏、执意不听建议的父亲不同，赵顼苦学儒家经典，以严格的礼仪去善待自己的老师。据载，他刚跟随父亲入宫的时候，还未"出阁"，也就是搬出皇宫住到自己的王府里去，而是和两位弟弟一起暂且在皇宫内居住与读书。父亲赵曙与曹太后关系的紧张，也影响了曹太后对赵顼的态度。赵顼的伴读官韩维等人提醒他："皇上已失太后的欢心，大王您更应该恭顺孝敬太后，做些弥补，否则，你们两父子都会受祸啊！"赵顼听了大受震动，对曹氏就更孝敬了，曹氏有一天对宰辅大臣们说："王子最近对我特别有礼，肯定是你们为他选的伴读官员教得好。等哪天召他们到中书褒奖一下才行啊。"到嘉祐八年

（1063）十二月，赵顼出阁辞别曹太后与母亲的时候，"悲泣不自胜"，"太后亦泣"。再后来，赵顼自己成了皇帝多年后，养祖母太皇太后曹氏辞世，他还反复哀伤了很久，每次经过太皇太后曾经居住的宫殿，都还忍不住流泪。可见至少他自己与养祖母曹太后之间的感情还是比较深厚的。

治平四年（1067）正月，终于决心要做一个好皇帝的宋英宗，在尚未有真正的治迹证明自己的时候撒手人寰，被他留在身后的，是捉襟见肘的财政，是濮议后分裂的人心，是市井之间关于他孝与不孝的流言，以及把他这位继承者与他人气极高的养父仁宗作对比时的尴尬。

赵顼能怎么办呢？做一个"大有为"之君，洗刷附着在父亲与祖宗身上的耻辱，证明他们这一系的血统也是高贵的，也是能对大宋有卓越贡献的，恐怕就是唯一的选择。为此，他也已经准备了多年。史称他从小"好学不倦"，还在皇宫中就读的时候，常常拉着学官请教问题，天色已晚仍不肯停下来吃饭，直到英宗派内侍去催他；到他做皇帝后，每天都到迩英殿听侍讲大臣的讲读，风雨无阻；而且，就算是晚上回到宫禁之中，他也没有休息，反而是读书到半夜。他是勤勉的，好学的，也是志向高远的。他虽然年纪轻轻，但已经达到"言必据经"的程度，而且每逢与大臣一起讲论经史，总能有些出人意料的见解，但他的涉猎却远不止儒家经典。还在做皇子的时候，他甚至亲手抄录韩非子的著作。身为一个儒家的皇子，却悄悄喜欢法家的理论，为了什么？不正是因为诞生于战国的韩非，提出了一系列改革图治、变法图强、以法制与君权驾驭群臣，最后达到国家的强大与统一的主张吗？少年皇子对此心驰神往，青年皇帝也因此知遇王安石。

　　是的，一开始，他感觉只有王安石才能理解他，才能扶助他到达富国强兵、"收复汉唐故地"的彼岸。制定保甲法的时候，他俩曾有一个远大的构想：先全国编排保甲，以解决治安问题，获得稳定的基层社会；然后，沿边各路开始对保甲人员进行军事训练，让那些训练成绩好的保甲人员先跟随本地的巡检、县尉"上番"，也就是值勤，这又代替了部分土兵、弓手，节约了本来要支付给土兵、弓手的钱粮；最后，就是逐渐使保甲成为民兵，成为禁军的辅助队、预备队，一来逐渐代替老弱的禁军，节省军费，二来又可以与禁军竞争，消解五代以来募兵的军纪松弛、不受约束的"骄志"。同时，再辅以精简禁军的"拣兵并营"之法和使将帅更熟悉部队的将兵之法。这可是涉及从农村社会到边防、财政的宏大改革，如果成功，那经制西夏、削弱辽国就指日可待了。

　　王安石当然清楚神宗希望一改太宗以后对辽、夏的保守战略，他也充分利用了这一点来鼓励神宗推行各种新法，为实现积极的"恢复战略"做准备。然而，当保甲法开始试行，西夏开始屡犯边境的时候，王安石虽然没有反对神宗出兵保卫边疆，却也不主张贸然进攻敌界甚至在西夏境内修筑堡垒。他认为现在并非收复"故地"的最佳时机，因为如今"人才未练，财用未足，风俗未变，政令未行"，新法推行所需要的人才尚且不足，军事人才更少；而且，战争成败的背后是后勤补给的掣肘，现在新法刚刚推行，"富国"言之尚早；加上从社会、朝廷到军队的风气未改善；中央每次颁布政令，尚且担心州县会不会奉行，更何况是令出必行的军令呢？

　　但年轻气盛的神宗没有在意。他在意的是面对西夏的挑衅不可退缩，在意的是韩绛在反击西夏的同时"大发兵取横山"、借机压制西夏的战略。一切劝说他先"一道德、同风俗",再富国强兵,最后才谋定而后动的话,在跃跃欲试的皇帝面前都显得那么苍白,即使出语劝谏的人是王安石。

但现实给了赵顼一次重击。熙宁四年(1071)的这次出兵,最终以宋朝内部兵变,宋军放弃城池退兵收场。在反思中,赵顼发现,虽然那么屈辱,那么不甘,但反对者的意见的确是对的,宋朝根本不具备扩土开边的基础,实践证明,此时与邻邦大启战端的结果只会失败,到时会使国家更加困窘。王安石的意见也是对的:这次用兵的失败,很大程度上受到庆州兵变的影响,而兵变的原因,除了被派去全权处理这次军事行动的参知政事韩绛措置失当以外,更在于后勤的困乏,在于军队士兵地位低下、生活维艰,还在于募兵的军纪废弛、骄悍难治。为什么后勤会困乏?因为不善理财,导致国家积蓄不广!为什么军队士兵会既生活困难、地位低下,却同时又像火药桶一样动辄悖乱难治?就在于军队冗滥,朝廷补给难继,士兵怨气累积;在于禁军既无本地人那样的守土动力,也不熟悉当地情况;在于前线将领经常替换,从不熟悉军队,在军队面前毫无威信!如何解决?那就又回归到他与王安石才刚刚开始着手进行的多项内政改革上。

熙宁四年(1071)时,善于学习的赵顼虽然痛苦,却并未失去信心。他决心按王安石所说的步骤,从道德人心抓起,革除积弊,为最终的"恢复"事业积攒国家力量。为此,他多少次力排众议去支持王安石;多少次在听说变法导致基层受害、无法达到预期目标之后,组织各种调查,希望能确认这只是执行上的扭曲,而不是制度设计的错误。他一再克制自己再次出兵的念想，他告诉自己，等笔库积蓄再丰厚一点，等将兵法的效果再明显一点，等保甲法中培养起来的民兵武艺再精熟一点……但他知道，他终归是要出兵、要雪数世之耻的。为此，他还专门在司农寺南边设立了一个笔库，并亲自题诗，以诗中的字为每个仓的名字。诗云："五季失图，猃狁孔炽，艺祖造邦，思有惩艾。爰设内府，基以募士，曾孙保之，敢忘厥志。"表明了这些仓库设立的目的，就是为征召勇士，恢复汉唐旧地之用，还希望自己的子孙也能继承此志。到这些仓库都储满了物资后，他又新建了一批库屋，又题诗为："每虔夕惕心，妄意遵遗业。顾予不武资，何日成戎捷。"从他题的这两首诗完全可以看出，他拓边的愿望是多么强烈。"何日成戎捷"之问，一直存在他心里，也成为他治国的最高目标。

在等待与准备中，他曾经倚重的助手一个又一个离开了中枢——曾布、吕惠卿，甚至王安石。神宗已经无法完全信任任何人。心术与行政能力两全其美，而且又能与自己的心意完全相通的人，神宗无法找到。他只有他自己。这十数年间，他已经由一位好学的少年成长为一位乾纲独断的政治家，他已经不需要导师，但他需要助手。于是，他选择了王珪做他的首相。这位只会向皇帝"取圣旨"，皇帝决定后，口称"领圣旨"，然后转交给办事人，说"已得圣旨"的"三旨相公"，不知不觉中已经在中枢近十年，甚至比所有改革派大臣在皇帝左右的时间都长。曾几何时，王安石教他统一思想的重要性，即所谓"知古之道，然后能行古之法"，说这是实现政治理想的人力基础。然而，人心难测，要朝廷上下万众一心何其艰难？远不如直接任用这些少有自己思想的"工具人"，只要大臣们不折不扣执行最高统治者的决策，其他毋庸多言。因此，王珪为代表的宰相群体，应该是这位青年皇帝能找到的最简便快捷的"统一思想"的办法了。渐渐地，在日常奏对的时候，他时时能看到臣僚们眼中对自己的敬畏。据载，那些第一次有机会面对神宗的人，很多都被他的气场给震慑住，导致词不达意。君臣的这种互动方式，逐渐滋长着他作为一个手握无边权力的君皇的自信。他能感觉到自己正在有效地掌控着这个国家。

元丰四年（1081），西夏内乱，当这样难得的时机出现之时，当赵顼收拾起大宋这十几年来无论是物资、制度还是人事上的准备，派出五路大军剑指西北后，等来的却是五路大军全面溃败的结果。而且，还不止溃败一次，第二年调整策略再去，又败！两次失败，不但充分反映宋军后勤运输不济、诸军各自为战等顽疾并未清除，而且说明了神宗与王安石当年寄予厚望，耗费大量人力物力训练多年的保甲民兵毫不堪用，还险些从根基上动摇了赵顼对自己、对新法、对这个国家的信念。

即位至今，赵顼不治宫室，不事游幸，为的是什么？他自己曾对劝他休息的宦官说过："我也不是喜欢劳苦，不是不喜欢逸乐，只是我享有天下百姓的供养，真的想用勤勉来报答啊。"他曾经自信，自己"立政造令，悉法先王"，为政治国，都以先贤为标准；修政事，任贤能，不为反对变法的"流俗"所动，即使在砥柱之臣去位后，他仍秉持着自己少年时的理想，推进着新法事业。这两年西北用兵，他更是"操势利而坐制万里之外"，有时边事的奏报彻夜达旦地不断传来，他就跟着通宵处理军务，手书谋划，号令诸将，从不假手于人。他从不认为他会失败。他为这一天，准备了十几年，甚至二十几年。一个励精图治的国君，又怎么会失败呢？

就在战况紧急之时，神宗病了。当他信任的宦官李舜举在牺牲前用沾血的战袍所写的奏章送达朝廷时，正值午夜。大病初愈的神宗看着上面散乱的笔迹，写着"臣死无所恨，惟愿官家勿轻此敌"一行字。旁边同时送达的，还有也已经死难的陕西转运判官李稷的手书："臣千苦万苦也！"

永乐城大败，从边帅到中级将领再到士兵、义勇、运粮民夫，死者数以万计。这就是他励精图治的结果？史称他"半夜得到战报后，起床，环绕着自己的卧榻，踱步"，直至天明。

这是元丰五年（1082）九月。这时的神宗，既有积劳成疾，又有察觉自己能力边界时的震惊忧愤与自我怀疑，更有对新法大臣未能对自己拓边行动真正有所裨益的埋怨。在那些因边警而彻夜不眠的夜里，他也许曾反复想起那些反对将兵、反对保甲、反对用义勇守边、反对均输、反对青苗等新法的官员曾经的长篇论奏。他们反对新法，尤其反对对西夏用兵。在元丰五年（1082）的时候，他们中的大部分已经被远贬，但是他们敢于在神宗与王安石面前坚持己见，这些早已被舆论视为忧国忧民的君子、忠臣，为他们自己立下极高的威望；而神宗对他们的优待与荣宠，又使地方对这些从京师下来的重臣不敢怠慢。像韩琦、富弼、司马光等人，出任地方官后，拒不执行新法的某些条令，甚至为此不惜凌辱同僚、荒废政事。但，神宗没认真处理他们，于是谁也不敢对他们动真格。谁知道皇帝的心意哪天会变化呢？一次，神宗就在朝堂上对着众臣感叹："没想到边疆地区的百姓疲弊到如此地步。这个情况只有吕公著告诉过我。"要知道，富国强兵、收复汉唐故地、为本支正名，这正是神宗行新法的主要目标与动力。也许，正是军事上的惨败，使神宗一时间失去了推行新法的动力与方向，也失去了坚定支持变法大臣的耐心。

元丰五年（1082），那些亲自为神宗设计、推行新法各项措施的熙丰旧臣，其实就只剩下知枢密院章惇了。神宗的朝政陷入一个怪圈——有主见、有名望的大臣，大多与己意不合而被外放，这其中包括当年最契合的王安石；而身边剩下的都是些资历浅、名望低、能办事，但是不敢展示主见唯唯诺诺的"处事之臣"。他们需要神宗给予的权势，因此摆出支持新法的姿态，但这正是神宗对他们不放心、不信任的原因。神宗与他们之间只是相互的利用。像当初与王安石那样为了共同的理想而切磋、琢磨、争辩的时光已经不再有了。

现在，首相王珪只是高级秘书，次相蔡确虽支持新法，但他是在元丰元年（1078）时才任参知政事进入宰执层，资历更浅。而且，神宗也知道他那些持禄养交的勾当。苏轼在元祐年间曾说到蔡确、韩缜、章惇、张璪、李清臣这些熙丰后期在位之臣在神宗眼里的地位。他说："先帝（神宗）以绝人之资独运天下，只是让这些人行文书，在规定的期限内实施政令而已。至于朝廷大政、大的战略决策、难解的问题，什么时候让这些人参与了？"话虽尖刻，但也完全切中当时之态。神宗需要他们，却也不太尊重他们。史书上说神宗对元丰宰相"不加礼重"，宰相屡次因为些微的过失就被罚金，罚了之后还要去谢恩。时人评论说："宰相罚金门谢，前此未有，人皆耻之。"可见神宗对他们的态度。

　　不过，让蔡确等人松一口气的是，经制西夏受挫并没有长久地摧毁神宗革新的意志。不久之后，他在兵败时对新法的犹豫消失了。所谓"新旧相掺"地任用也只是略微一提。虽然受过打击的神宗似乎已经"耻于用兵"，却以更大的热情投入到改革官制、兴礼作乐等事情上。也许，对于他来说，既然无法通过"震服四夷"为本支留下浓重一笔，那在重振内政、重建君主权威等事上有所建树，也算是有所寄托吧。元丰六年（1083）开始，朝廷又继续催促各路完成役书的编订，这是熙宁雇役法的一部分。此外，朝廷还继续选官提领河北东、西路的保甲司，推动保丁团教；继续推广旨在给吏人薪水以养廉的"重禄－仓法"；到元丰七年（1084），又推广保甲养马之法……一切都似乎逐渐又步入新法的正轨——但，一切又似乎与以前有着微妙的不同。

　　最明显的，就是各项新法本来的用意似乎被忽略了，或者是有意无意地被偷换了。如青苗法，本是由官府通过借贷，帮助那些青黄不接时不得不借高利贷的百姓渡过难关，但渐渐地，多收息钱成为真正的目标。于是，官府收的利息加上官吏的敲诈勒索，不但比私人高利贷的剥削更甚，而且还出现大量借助官方力量强迫无须借钱的农民借贷青苗钱的事。市易法，本为平抑物价、抵制富商巨贾把持的"轻重敛散之权"，最后变为官府对各类商品的垄断经营。国家与商人争利，结果一方面便利了富商与市易司官员的勾结牟利、囤积居奇，使物价更不利于民生，另一方面又造成大量普通商人的经营困难甚至破产。其余如保甲法、免役法等，都逐渐与熙宁年间制度初创时的理想渐行渐远，有些似乎渐渐都只保留了一个外壳，但其实质却不一样了。

这一切变化，作为从制度上防止皇帝独断、滥权，引导皇帝理性决策的宰执层，作为职在纠弹、超然独立地对皇权、相权有所监督的言官群体，他们有发言吗？有起到匡扶皇帝重回到新法本意的作用吗？并没有。随着那些有独立思考能力、有鲜明个性特色、敢想敢干的熙宁旧臣日渐式微，围绕着神宗的，无论是宰执还是台谏，都只剩下一些实质上的高级秘书，而且还是一些恋栈权力，只为身谋的秘书。王珪为保相位，迎合神宗发兵西北；蔡确为保相位，则迎合神宗"收用旧人"。到元丰末，那些不同程度上对新法有异议的大臣如刘挚、梁焘、孙觉、李常、苏轼等人，不是已经被重新进用，就是正准备被起用。

新法干将凋零，旧法大臣逐渐被收用，元丰末年的这些变化，到底预示着什么？这个问题最终也只能成为千古之谜了。因为就在元丰八年（1085）正月初三，朝廷突然宣布皇帝病重，无法处理政事，没过多久，神宗就赍志而殁。

在位十九年，神宗怀着不甘而来，抱着不甘而去，宋代史官在议论神宗的去世时说，神宗的宏图就像一年的四季正在徐徐展开，刚看到春夏花开茂盛，还没来得及享受秋冬的果实，就这样陨落了。或许，站在神宗的角度，这个比喻无比恰当。但若站在他继位者的角度，留给那个刚刚改名为赵煦的九岁孩子的，真的是一个将要结出硕果的皇朝吗？并不是。等待这个日后被称为哲宗帝赵煦的，是朝廷上下更加严重的派系纷争，是发展不平衡的基层社会，是皇帝朝纲独断下隳落的士风，是历次大战后凋敝的民生。神宗的新法到了元丰末年，就像是一局残棋，交到了他的后任手里。

　　而这位后来被称为哲宗的赵煦可以依靠的，唯有他那在哭泣中答应垂帘听政的祖母，而他的祖母太皇太后高氏，可以依靠的又有谁呢？

第一章

◎

女主初垂帘

一、高后可以依靠谁

元丰八年（1085）二、三月，北宋东京汴梁人心惶惶。百姓隔三岔五就能看到在全国各地监司、州县的驿马载着外地守臣寻访到的精通医道之人，向着皇宫方向疾驰而过；然后又有各地的探报从进奏院、从各处公私宅邸中出来，带着各种消息疾驰而去，消失在都城的晨曦暮霭之中。大家都仿佛在屏息观望，有的心里怀着种种不祥的预感，有的怀着绝不敢言说的惴惴不安与兴奋。二月十七日晚，礼部贡院突发大火，烧死教育皇子的王宫教授与太学博士数人、吏卒十多人，本次科举的试卷被烧毁大半，礼部只能另行组织重考。第二天，哲宗同母所生的妹妹，神宗那年仅七岁的皇五女夭折。之后，朝廷的各种祭祷、斋醮、祈福的活动就没有停过。但这都无法阻止神宗生命的迅速流逝。

到二月二十九日那天，本来是寒食节放假的日子。神宗已经不能说话，只能有时睁睁眼。因事态非常，三省、枢密院长官就直接进入皇宫中位于福宁殿东门西间的皇帝卧榻前问疾。王珪作为首相，挑起了请求皇帝马上立储的重任。他小心翼翼地对神宗说："去年冬天，曾经奉圣旨，说今年春天就让延安郡王（也就是神宗的长子赵佣）出阁。现在，恳请皇上早建东宫！"但当时神宗已经"风暗不能语"，王珪只好硬着头皮又说了两次，神宗神色惨然，微微点了一下头。

还有一种记载说，当时宰执们请内臣张茂则在御榻前设案，然后铺上由知枢密院章惇预先写好的"立延安郡王为皇太子"几个字，再由王珪奏请立太子。只是神宗一直无法说话，表情惨淡，久久没有什么明示，于是大臣们都拱手而立，不敢再说话。这时，赵佣生母朱德妃也在场，大臣们都能看到她在帘后的半边脸。她旁边就是由保姆国婆婆抱着的皇六子赵佣。由于赵佣之前的几个哥哥都夭折了，因此，这时的他已经是神宗膝下最大的儿子了。王珪等了很久之后，再次上奏，国婆婆传话出来说："圣意已经允许了。"一旁侍立的内臣张茂则也随声说，圣意已允。立太子一事才终于定下来。

大事定后，王珪问张茂则太后的去向。原来太后一直就在帘后，见宰相问起，她就自己回应道："在这里面。"内臣把帘子打开一些，太后立在帘下说："相公们能立这孩子为太子便好。这孩儿真是孝顺，自从官家病了，他就一直吃素，抄佛经为官家祈福。"说着，帘内递出来两卷赵佣手抄的佛经，一卷是延寿经，一卷是消灾经，每卷后面都题写着"延安郡王臣佣因为皇帝服药日久，写经一卷，愿早日康复"。字体极其端谨。宰执于是一同拜贺，并奏请皇太后权同听政。当然，还不忘加上一句：等皇上圣体康复了，就撤帘还政。神宗也表示同意了。只是太后辞让。张茂则在一旁劝道："皇太后，国家社稷事大，不宜一味辞让啊。"王珪等人也再三请求太后以国事为重。太后高氏其实也明白，时至今日，除了由她挺身而出，别无办法，于是哭泣着答应了。

王珪还是非常谨慎的，他又上奏道："去年皇上令皇子在春宴中侍奉，我们在宴会上都目睹了皇子的风采。今日皇子必定长得更高大了。"请求再见见皇子。帘内各人也明白了宰相的意思，宰相这是要验明正身，以免日后出现什么纰漏。于是就有宫人从帘内把赵佣抱出来，站在帘外。君臣父子默然相对，宫人无不感泣。最后，宰执们宣布，已得圣旨立皇太子，高太后派遣内臣锁学士院，让翰林学士在里面撰写立太子的制文，以待第二天宣读。就这样，国是稍定。

当然，无论是哪个版本的记载，都能明显地看出，神宗在那个时候，其实已经失去了表达能力。当然，立最长皇子为太子，而不是立他的两个成年的弟弟之一，应该还是符合神宗的心愿的。他之所以惨然，不过是因为明白了自己将无力回天，也知道大家都明白这一点而已。

第二天，元丰八年（1085）三月初一，这天一大早，三省、枢密院诸位长官鱼贯进入内东门。这时，太后已在帘后坐定，皇子赵佣则在帘外站着，与这些大宋皇朝的最高级官员相见。大宋朝廷又一次在皇帝病危的关头，启动了册立太子的程序。首先，是太后在帘后宣谕宰臣，夸赞皇太子的盛德，如"极是精俊好学，已经诵读了七卷论语"，"一点都不贪玩，只是喜欢读书"，而且十分孝顺，为父亲写经祈福等。宰臣们于是再拜称谢、称贺，然后退出后宫，进入皇宫的正衙殿——文德殿，向早已等候在此的文武百官宣读翰林学士前一晚连夜写好的册立皇太子的制命。午后，宰执们又一次进入内廷，一来问候神宗圣体，二来形式上向神宗进呈立皇太子应该例行大赦天下的敕令。当然，实际上神宗已经无法处理政事了，因此宰臣们就又将大赦之事交给皇太后定夺。这标志着，神宗的母亲高太后正式接过了管理国家的权力。那么，大宋这条航船，即将交付给的是一位怎样的女子呢？

神宗的生母高太后，其曾祖父高琼为宋初名将，外曾祖父曹彬也是开国名将，妥妥的将门之后。而且，她本人还是当今太皇太后，也就是宋仁宗皇后曹氏的外甥女。她的丈夫，当时是濮王十三子赵宗实，后来被收为宋仁宗的养子，于是姨母曹氏又成为她的婆婆。高氏的丈夫宋英宗继位不久就得病，于是由其养母曹氏垂帘听政。在垂帘初期，英宗与曹氏关系不好，高氏与曹氏的关系也曾非常紧张，只是后来经过朝中大臣多方调护，婆媳关系有了很大改善。到现在，两宫关系已经变得十分融洽。而且，这位高太后自幼与英宗青梅竹马，因此嫁给英宗后，夫妻感情不错，英宗的四子四女全部为高氏所出。据载，英宗得病后，为他身体起见而不能近女色，但到病情稳定后却仍"不得近嫔御"，这对于需要尽量多的潜在皇位继承人的皇室来说，就有点过分了。于是当时的太后曹氏派了一两个亲近的宫人去晓谕高氏，说："官家继位已经那么久了，而且病也好了，哪能身边没一个侍御之人呢？"高氏听了很不高兴，直接就顶撞回去："奏知娘娘，我只知道我嫁了十三团练而已，就没嫁过什么'官家'。""官家"是宋代对皇帝的称呼，而团练使则是高氏嫁给英宗时，英宗的官阶。英宗是濮王的第十三子，所以高氏称他为十三团练。本书的引子里面也说到，英宗在未当上皇帝之前，其实命途多舛——入宫，受宫人轻视；出宫，受兄弟排挤。有很长一段时间英宗惶惶不可终日，只有高氏陪着他度过这孤独而艰难的时日。因此，高氏对曹氏说这话，意思既是彰显自己识英宗于微时糟糠之妻的独特地位，其实也是在质疑曹氏作为英宗的养母，在英宗地位未定时所起的作用。英宗还是十三团练的时候，你关心过他吗？现在他是"官家"了，你倒关心起他来了。但高氏毕竟是曹氏外家的人，是她的亲外甥女，所以她才敢如此放肆，但这也从一个侧面看出，高氏确实是一位有主见、有想法，而且也敢于表达的女性，甚至可以说，在年轻时，也许还有那么一点儿任性。

当然，现在高氏已经五十多岁，已经不再是那个顶撞姨母兼婆婆的"新妇"了。当大臣们向她进呈册立皇太子的敕书时，她从容地向宰执们宣谕道："现在皇太子建立，大事已定，天下之事，就托赖卿等费心了。"在朝廷向中外布告敕书后，她又马上派遣神宗向来信任的宦官十人，专门护卫着皇太子，以防不虞；此前，神宗的两个弟弟赵颢与赵頵，每天都入内问神宗起居，到神宗病危后，高太后为保万全，连自己的这两个孩子都不允许再随便进入皇帝的寝殿。儿子濒死，孙子冲幼，而自己却不得不强忍悲伤执掌国柄，维持这个内忧外患的大宋皇朝的正常运行，我们现在已经无法体会她所面临的心理压力，但至少可以肯定的是，她在面见宰执时，显现出一个深宫女人特有的坚忍、周到与得体。那么，这位坚强的妇人，她对治理国家又有怎样的计划呢？

史书上记载过一个有名的故事，说的是当初神宗主持的熙丰变法在大力推行时的一次家庭聚会。那是熙宁七年（1074），可能是某次祀祭之前的几天。神宗先是在太后高氏的宫里陪太后，然后又与弟弟岐王赵颢等人一起去太皇太后他们的祖母曹氏宫里闲聊。一开始，他们只是聊些家常，什么天气晴和，过几天能在这样的天气里行祭礼，真不错呀之类的。然后曹氏就回忆起当年仁宗的时候，说："我从前听到民间疾苦，一定会将听到的告诉仁宗，而仁宗就经常借着南郊大赦改正一些不当的措施。现在你做皇帝了，也应该这样。"神宗一听就警惕了，回答祖母道："现在没有什么这类不当的事情。"太皇太后不满意了："我听说民间都为青苗、助役钱所苦，为什么不废掉这样的法律呢？"神宗于是就对他奶奶苦口婆心地解释："这些措施都是为了有利于百姓，不是要使他们困苦的呀。"这时他祖母又想起王安石来了，也许觉得神宗就是被王安石给带偏的，所以出主意道："王安石的确有才学，但是埋怨他的人也很多呀。如果你想要保全他，不如暂时放他到外郡做官，过一年半载，等这一波怨气过去了，再召他回来，也是可以的呀。"神宗与祖母之间的感情一向很好，因此他还诚恳地向祖母诉说了自己的难处——在群臣之中，只有王安石才是真正能挺身而出，为国家负责的呢。这时，神宗的皇弟赵颢却插话了："太皇太后的话是至理之言，陛下不可不思啊。"神宗一听就火大了。祖母批评自己，自己还能慢慢解释，但皇弟居然也说我处理国事不当吗？他马上顶了回去："那是我败坏天下吗？既然这样，你来做啊！"吓得赵颢哭了起来："至于这样吗？"一场家庭聚会就这样很不愉快地散去。当然，我们也不用担心兄弟间这样的龃龉会引致一般皇室之间各种萁豆相煎的事情来。因为神宗对他两个弟弟有着少有的信任。可能因为他们三兄弟特殊的成长经历——一直在宫外成长、一起面对父亲的焦虑抑郁和本支家族的认同危机，因此他们之间的感情基础是牢固的。到神宗做皇帝多年后，两个弟弟本来早应搬出皇宫，也就是"出阁"，到外面王府里去住，但神宗却一直不允许，一直要留着他们住在皇宫，甚至住在一般是给太子住的东宫里。所以神宗的几个侄子都是在皇宫里出生。这在宋代皇室中并不常见。另外，从这一次争吵时两人的语气就可以看出，神宗说的是赌气话，他弟弟也知道，因此只是委屈，却不害怕。事后，不但赵颢没有做什么上吊以证清白之类的事情，而且就在几个月后，他还与皇帝哥哥、皇弟赵頵一起击毬玩。这时，轮到赵頵弄得哥哥不开心了。他们本来说好，赢的人就能得一条玉带，但赵頵突然说："我如果赢了，我不要玉带，只求您罢去青苗和市易法，行吗？"结果弄得神宗脸色都变了。但是，这都不妨碍神宗后来赐给他俩一人一条玉带。

兄弟之间语言无忌，一方面说明了神宗对自己亲眷的宽容与信任，并没有怪他们亲王干政。但另一方面，也说明神宗身后的皇室，是整体上不支持变法的。皇室成员为什么会那么坚定地认为新法不便于民呢？

后宫获取信息的渠道其实主要就这几个：一是作为孙子、儿子的神宗；二是作为宫内外沟通渠道与皇室助手的内侍；三是后妃们的外家亲戚。

神宗自不待言。此外，首先是内侍们的态度。虽然不像汉唐、明朝等朝代出现宦官专权的现象，但宦官在宋代宫廷中仍扮演重要角色，更是除了奏章、奏对等正式途径外，皇帝获取宫外信息很重要的一个渠道。高太后作为女性，在接待大臣等方面有诸多不便，因此对宦官的依赖就更重。侍奉高太后多年的张士良、梁惟简，以及梁惟简所推荐的陈衍等人，是高太后垂帘后的重要助手，甚至有可能通过高氏参与到朝政决策中。而宦官反对新法确也存在现实的理由。例如，作为变法条令之一的市易法，本为防止重要商业城市与枢纽中的大商人囤积居奇，通过操纵价格欺行霸市，打压小商小贩，但是，当它出台后，顺带又断绝了负责采购宫廷用品的宦官与富商勾结取利的门道，这就使得参与其中的宦官们对新法心生不满。

至于原本拥有很多特权的皇亲国戚们，也颇受新法的影响。

最直接的压力来自地位与金钱。

先说赵氏宗室。从开国时期始，皇帝对宗室干政有着特别的防范。按宋朝的规定，宗室一般要聚居，由宗司管理，不可以随便出门，也不能会见宾客，这是为了防止他们培养自己的势力，威胁皇权；宗室也不能参加科举，有段时间甚至连驸马也不可以，这是为了防止他们利用高贵的身份与普通出身的人争利。但这样一来他们就缺乏劳动谋生的途径了，于是，朝廷就让他们自动得官，用高贵而无实权的官职笼络他们，用优厚的俸禄养着他们。但，随着宗室成员一代比一代增加，早在神宗登基之初，宗室每个月的开支就已经超过7万缗，比全东京官员开支的4万缗还多，这还不算特殊典礼与季节的赏赐。而据知三班院曾巩的报告，熙宁八、九、十这三年，获得最低级官阶（三班）宗室的新增人数为 487 人、544 人、690 人，而平均每年因死亡而出籍的人数还不到 200 人。可想见当时宗室人口与开支膨胀的程度。而且这个趋势随着皇室第五、六代成员的到来，将呈几何级增长。所以，即使没有熙丰变法，宗室支出问题也已经到了不得不解决的地步。于是作为熙丰改革的一部分，在熙宁二年（1069），新的宗室条贯颁行，规定出了"五服"的宗室成员，虽然可以保留在皇家玉牒中留名的待遇，但是，由朝廷赐名、不经科举就能自动得官等特权就取消了。作为对宗室自助谋生的补偿，这类宗室子弟获得了参加科考的权利。

虽然宗室中也有人希望通过科举获得"正途出身"，靠自己的能力获得官职，但这样的改革对于大多数坐享高官厚禄的宗室来说，自然是对其利益的褫夺。即使是神宗的亲弟弟们，虽然近几代生活无虞，但也不免会担心更远的后代的待遇问题。因此熙宁宗室条贯一出，大量宗室成员因此迁怒于王安石。当时，甚至有宗子相约趁王安石入朝的时候去拦他的马，递上陈状诉苦说："大家都是宗庙子孙，请相公看祖宗面子上放过我们吧。"王安石只好对他们解释："世数远隔之祖，我们也要依制将他们的神主迁入远祖之庙，这就是所谓的亲尽迁祧。祖宗的恩数尚且分亲疏，更何况贤辈！"宗子们一时语塞，只好散去。

太皇太后曹氏等人的外家亲戚，同样颇受新法影响。

史载，神宗行新法，若看到有才能的人，经常破格起用，反而那些"宗室戚里、恩泽之家"，却需要按寻常次序，慢慢熬资历，才可能升官，因此不免有些心理不平衡。当然，有心进取之人还是可以通过积极申请担任一些实际工作以获得较高的经济待遇与升迁机会。如向皇后的父亲向经就因此而申请做外路知州。

这位向经，之前还通过"影占行人"来谋利，自从市易法颁布，这个财源也失去了，这可能也是他申请外任的原因之一。"影占行人"一事，关系到宋朝实行的一种"科敷"制度。"行人"不是路上走的人，而是指某种类别的工商业的从业人员。科敷，又叫"科买"，指的是皇宫或官府中有什么需要用到的物料，则派内侍、吏员去市场上找行商"买"，名为买，但实际上出价极低，有时甚至是白拿，而且你还不能不卖给他们，更不能说你没有这种货物，因为如果你没有，那他们也许会叫你折成钱来交给他们，让他们去别处买，而这个过程，他们能让你无端付出很多钱，甚至能让你破产。

朝廷与官府的科敷需求不定时、不定量，又频率高、基数大，是对商户极大的干扰与剥削。于是，商户们就请托那些中介，让他们把自己的物产寄托在皇亲国戚的名下。因为皇亲国戚是免税、免役、免科敷的特权阶层。因此，虚占人户、商户或田产，帮助他们逃避赋役、税收等行为，就成为了向经等人的一个重要财源。而市易法颁布后，行户交纳免行钱，宫廷、官府就不再向他们征收物料，于是不但影响了靠在采购中勒索商户而大赚的内侍们，也影响了这些靠影占行人的近习亲贵们。当时，太皇太后曹氏的弟弟曹佾"赊买人木植不还钱"的事还被市易司揭发。这些都引发亲贵们对新法的不满。

皇亲国戚们还有一些经济来源，就是利用自己的身份，或帮助富商大户勾连官府，或为基层小官攀结要员提供便利，然后居中谋利。这其中又涉及在各行业、各地方想通过皇亲谋利的官员、商人、士绅、亲贵，以及在他们之间联络的吏员、家人门客等中介，即所谓的"官媒"；如果关系巨大到需要影响某项政策的出台与运行，那就既需要连接高官重臣，又需要搭上能直接影响皇帝的内侍们，可见这门"生意"利益大，牵连广，水非常深。而新法的很多规定，如专门针对吏员贪腐的"重禄-仓法"，针对宫廷采买、收运、仓库出纳的左藏、内藏库法，针对裁汰冗员、规范官员举荐行为的三班、审官东西院、流内铨法等，皆令亲贵们的受贿行贿及游说之路遭遇重重障碍。其中最明显的迹象，就是掖门外的房屋，以前是那些以游说、行贿为生之人租赁的黄金地段，行情极其火爆，以上各法一颁布，顿时门庭冷落，捐客们都退房搬走了。

不过，值得留意的是，在几乎所有关于后宫对变法态度的记载中，立场最鲜明的是太皇太后曹氏；关于皇后向氏的直接记载几乎没有，而关于高太后的记载，则往往与曹氏一起出现。如史载她也曾与太皇太后一起流着泪，对神宗控诉"王安石变乱天下"。但，出于宫中的辈分与地位，高氏在这样的活动中是处于陪衬地位的，所以高氏自己对新法的态度就很不鲜明。而且曹氏与高氏都是以不为外家谋私利著称，尤其是高太后。因此，新法这样大规模地得罪王孙贵戚，他们对新法的反感有多少会影响到高氏，实在无法推测。

在高氏接掌国家大权，开启垂帘之政的时候，明确反对变法的婆婆曹氏已经去世，高氏开始成为史籍记载的主角，这时，我们才能从这些记载中真正了解到高氏对变法的态度，以及对国家政治走向的设想。在此之前，她也许只能悄悄地向神宗埋怨几句、叮咛几句，只要儿子不加理会，她也无可奈何，也不太上心，但今天，她却必须面对立于帘外的这帮主要以新法起家的宰执，甚至要让他们认同自己。因为无论政见如何，她的想法也需要通过由士大夫组成的朝廷才能贯彻。当她独自坐在福宁殿东寝阁的东间，隔着帘子，放眼望去，领衔向她递上敕书的，是大宋王朝中最高级的官员，是精英中的精英，是神宗精心挑选的助手，却不是她的助手。这些人中，除了一个唯唯诺诺的王珪外，尽是在传闻中天天教唆神宗毁弃祖宗之法的新法之臣。她又该如何开启与他们磨合的过程？她应该坚持己见还是融合众论？况且她毕竟是一位长居深宫的女子，就她的生活经历来说，这时的她离一个可以为国家掌舵的成熟政治家也仍有相当的距离。她需要马上学习，也需要有一批有智慧、有经验、值得信任的政治家做她的左膀右臂，还需要忠心耿耿的人做她的耳目。而作为一个此前极少参与政治的女主来说，眼前这些人她都不熟悉，他们自然也不了解她。她能挑选，或者说，会挑选谁来辅助自己呢？

一个比较理想的答案，还是要回溯到高太后的年轻时代。那个时候，英宗还在。而且，英宗正在为自己父亲的尊称问题与大臣们闹别扭，她与英宗这对夫妻还正在因为内侍、宫女的挑拨而与曹氏置气。而且也是在那个时候，高氏目睹过一次女主垂帘，不过那时候的女主不是自己，而是自己的婆婆兼姨母曹氏。在那个动荡而混乱的时候，有更多大臣的名字通过各种渠道传入宫中。其中，她最熟悉的几个，一个是司马光，另一个是吕公著，此外还有韩琦、富弼与文彦博。这些人统统是神宗在位年间由于反对新法而被放到外郡的。但在仁宗与英宗朝，他们却都是对英宗有过极有力支持的。

在高氏秉政时期，为了编修《神宗实录》，御史中丞兼侍读刘挚、侍御史王岩向高氏请教当年英宗被立为皇子时的经过，高氏回忆道："宫中所能确定知道促请立嗣的是韩琦。之前文彦博、富弼等人虽然也有讲，但只是请求选宗室中的贤者，哪敢指明是谁呀。"可见，在高氏的记忆里，拥立其夫有功的，就是这两三位大臣。此外还有的就是司马光。

至和年间（1054—1056），仁宗突然发病，无法理政。此前，仁宗所生的三个儿子都先后夭折，而高氏的丈夫即后来的英宗储位未定。在帝制时代，由于皇帝暴毙导致皇嗣未立而引发的政治风波屡见不鲜，有时甚至会动摇整个王朝的根基，但是劝皇帝立嗣这样的事情，本身也是具有极大风险的。因为这个行动本身就意味着说这话的大臣已经预期皇帝可能会不久人世，或者至少是会失去执政能力。这无疑大犯皇帝之忌。这时，是司马光，与著名的谏臣包拯、范镇等人一起力劝仁宗早立储君。当时司马光还只是一个并州通判，本来属于根本没资格也不应该提及建储之事的外路小臣，所以从他的上书，一方面可以看出司马光为皇事而不顾身家的本性，另一方面，他上书三次，一次被仁宗留在宫中没有处理，另两次都被放出来发给中书作为参考，也可以看出仁宗朝的政治氛围还是比较宽松的。

当然，以司马光的执着，上书之后，见立储的决定还没下，如何能罢休，他于是又写信给范镇，希望范镇能"以死争之"，还面见宰相韩琦，力陈个中利害关系，催请韩琦为此尽力。这些行动，对于司马光来说，完全是站在仁宗利益的角度，希望能促成国家、皇权的稳定；但对于高氏来说，却又的确间接促成了英宗的继立。而且在英宗登基后，英宗夫妇与曹氏关系不好的那段时间，又是司马光，以普通人家的婆媳、母子关系作比喻，慢慢劝解三宫，在调和三者关系的过程中起着不可或缺的作用。

此外，司马光也在"濮议"一事中表现出其独立的思考与无畏的担当。

治平二年（1065），这是初继位就犯病的英宗比较清醒的一个年份。而这个年份的重要大事，就是英宗要为自己生父正名。当时宰执都认同皇帝的想法，觉得皇帝应该称生父濮王为"皇考"，考，就是已故父亲的意思。而台谏和翰林学士为主的大臣们，则认为英宗已经过继给仁宗，就应该称仁宗为"皇考"，而称生父濮王是仁宗的同宗哥哥，那就可以称为"皇伯考"。这个卷入大量朝臣、旷日持久的"濮议"，最后以太后曹氏降手诏建议皇帝称生父为"亲"而定议。当然，很显然这个手诏是曹氏对自己养子宋英宗的妥协，也是英宗对朝臣的妥协——因为按他的意愿，他是非常愿意径直称生父为"皇考"的。在这场争论展开的时候，天章阁待制吕公著、司马光同为英宗的讲读官。他们二人经常可以与英宗坐而论道。当时虽然翰林学士们的意见都比较统一，但作为学士之首的王珪却和他多年后在劝神宗立哲宗为储时的态度一样，因怕得罪皇帝，畏缩不前，与其他学士一道"相雇不敢先发"，反而是自认为文章写得不工整而要辞去知制诰一职的司马光在这关头展现了面临大事时的担当，独自上前，拿起笔，一篇建议称濮王为"皇伯考"的奏议一挥而就。

司马光的忠直是出了名的。早在皇祐年间，司马光任同知礼院时，他就因为礼仪问题而不惜得罪重臣家属。当时，仁宗朝的名臣——侍中夏竦去世，朝廷一开始为他拟的谥号是"文正"。司马光就直接质疑："文正是一个美到极点的谥号，夏竦是什么人，配得上这样的美谥吗？"于是与当时的判考功事刘敞一起，再三上书反对。最后，仁宗让步，把夏竦的谥号改为文庄。

这些，无不给高氏留下深刻印象。

吕公著也是英宗所赏识的大臣。

可以说，吕公著是英宗时期任经筵时间最长的讲读官之一。从嘉祐八年（1063）十二月英宗初御经筵的时候，吕公著已经开始为皇帝讲《论语》，并与英宗谈论治道，相谈甚欢。当时英宗身体还未康复，而且还经常不肯吃药。但他却非常重视经筵讲读。之前，皇帝在前殿处理政事后，先吃饭，然后再御经筵，但到治平元年（1064）夏天，英宗体谅到讲读官在皇帝吃饭时一直等候，过于劳倦，因此叫内侍更改作息时间，改为先去经筵听讲，然后再吃饭。后来，他还对欧阳修等宰执们说起吕公著。欧阳修说："吕公著为人怡静，文采很好。"皇帝也接口夸赞道："他在经筵上的讲解非常精彩！"

在英宗深陷"濮议"旋涡的时候，吕公著虽然既不是宰执，又不是台谏，但他在嘉祐末、治平初年曾经同判太常寺，掌宗庙礼仪，现在又是皇帝的经筵讲读官，因此对皇室的礼仪也有自己的想法。他不赞同英宗称生父为皇伯考，这个想法与皇帝是一样的；但也不赞同英宗称生父为亲，这又与英宗、宰执的意见不同。但除了对争辩双方意见的不同外，他最反对的，还是皇帝对台谏的态度。因为在这场大争论中，台谏反对英宗追其生父的做法，并且认为宰执们对皇帝的支持是不守原则的迁就，是对礼法的破坏，更是对皇权制衡的破坏，其言辞激烈，因此英宗几乎把全部台谏官都替换了一遍。台谏在宋朝一直是维护皇权正常运转的非常重要的机构。虽然在理论上，皇帝富有四海，是这个皇朝的主人，也应该为皇朝的续存与发展负责。但实际上，皇帝的私心欲念却往往与皇朝的健康发展相悖。宋朝开国以来就非常注重皇权、相权与台谏之间的制衡，并形成了一些重要的"祖宗之法"，其中一项就是对台谏的尊重。为保护他们获取消息的渠道，宋代台谏官可以拒绝在皇帝或宰相的压力下交出消息来源，而且，如果不是被发现私德有亏，皇帝一般不会把台谏官调离。台谏在朝廷中的影响力，在仁宗朝开始变得越来越大。在英宗以前，台谏一方面已经反复证明其在防止皇帝或宰相滥用权力、做出伤害整个国家行为上所起的作用，但同时也开始出现一些过度膨胀、结党营私的端倪。然而在尊重台谏已经成为朝廷共识、已经沉淀为祖宗之法一部分的情况下，英宗这一次大规模驱逐台谏，无疑是对祖宗之法的肆意破坏。吕公著不能不为此而痛心。他一再请求英宗追还被贬的吕诲等御史，这不只是为了展示皇帝虚心纳谏的态度，更是为了证明这位从旁支入继大统短短一年多的皇帝也有遵守祖宗之法的能力。

　　只是，英宗收到他的奏章后，就一直放在皇宫里不处理，就当没听见他的话。吕公著极度无奈，只好自称有病，要求皇帝把他调离朝廷，到地方上去做官。虽然濮王的名分问题对于英宗来说是条红线，即使是他信任的讲读官，也不能在这个问题上使他让步，但英宗又确实欣赏吕公著。听到吕公著的请求，英宗一开始是有点儿愕然："学士是我一向看重的大臣，怎么可以轻易就说离开朝廷呢？"但吕公著也是个倔强的人——皇上既然不听我的劝告，那我又何必留恋这个官位呢？因此直接请假三个多月，不再上朝。英宗这时的身段则相当柔软。他先是令自己信任的内侍杨安道去传话，劝他回来上班，还特意叮嘱杨安道："公著这人性格率直，你要慢慢开导慢慢劝，不要迫他，知道吗？"后来，见杨安道劝他不回来，又出动吕公著的哥哥吕公弼。这时，吕公著已经不好再推辞了，才又勉强回朝廷上班。但想到被逐的台谏官员仍未还朝，自己又有何脸面继续在朝廷供职？于是过了几个月，他又请辞。英宗强不过他，只好同意了，把他调任蔡州知州。这时，已经离英宗去世只有几个月了。

司马光、吕公著两位大臣，曾同任英宗、神宗两朝的经筵讲读官，而他俩正好又是宋神宗在元丰七年（1084）提出立储意愿时首先想到的"太子师保"，这一切并非巧合，而恰恰说明神宗也十分清楚，尽管二人对英宗、神宗的一些做法并不认同，但却始终站在大宋皇朝利益的高度，无论是谏争如流还是忧心忡忡，均非为私利。这正是英宗、神宗两代君主对他们信任的来源。对于高太后来说，这就够了。一方面，这两位都是高太后耳熟能详的名臣，她从自己丈夫与儿子处感受到了对他们的信任；另一方面，他们又是神宗在元丰五年（1082）特别礼遇、在元丰七年（1084）时亲口说要任命为太子师保的人选。有从英宗时期就形成的感情上的熟悉与信任，又有神宗皇帝的背书，再召回他们时，来自熙丰旧臣方面的压力也自然会更小。

只是，高氏也许不一定知道，她的儿子之所以优遇旧法大臣，反复提出准备起用他们，其实包含了调和新旧两派矛盾、吸引他们加入新法团队的深意。出于对旧法大臣人品的敬重，在整个变法过程中，神宗只把这些坚定的反对者调离朝廷，不但没有进一步迫害他们，反而给他们各种礼遇。他希望随着新法的推行，旧法大臣能发现新法有利于国计民生的一面，最后能在事实面前回心转意。他之所以能优容司马光这位"异论"的"赤帜"，在元丰后期多次想起用他，也是希望能通过他的还朝而实现新法、旧法大臣的和解，最后达到新旧两派共襄富国强兵的目的。毕竟，神宗也好，司马光也好，他们都是有政治理想与抱负的人。

南宋初，侍读朱胜非对神宗的心态就有比较切当的把握。一次他对宋高宗说："陛下您知道司马光为什么能得贤者的名声吗？其实是神宗皇帝有意成全他的啊。熙宁年间，每一个新法的举措，司马光都批评，都认为不对，而神宗却容让他，就算外放出朝廷，那也是先升了官再出外的，逢年过节劳问不绝，还让他在西京开书局，《资治通鉴》一书写成，又升他为资政殿学士。这样，司马光才得到四方称美，甚至还把他称为司马相公。如果当初朝廷上大家就新法问题争执的时候，神宗就把他通告窜黜，说他是立异好胜，说他所上的奏章是故意表示公正忠直以获取名声，说他不能体国，违背朝廷旨意，放任言官上奏章用尖刻的话攻击他，然后命令有司申斥责备他，那他估计就成不了现在为人称颂的美德典范了。"高宗听了，

"首肯久之"。

值得注意的是，包括蔡确在内的新法大臣，无论是出于对自己日后政治命运的怵惕，还只是认同神宗的调和之举，他们都没有极力推动对旧法大臣的迫害。因此，相对于元祐、绍圣及徽宗时期那种惨烈的倾轧与党祸，终神宗一朝，党争尚在温和可控的范围内，并未显著影响朝廷政策的推行。作为一位理想主义的君主，神宗小心翼翼地通过优容异论者保证了熙丰政局的稳定，也一定程度上减少了新法推行的阻力，同时也在无意间为这些旧法大臣在元祐初能凭借自己在熙丰时期累积的名望而在还朝后轻易掌握政局埋下了伏笔。

只是，高氏与旧法大臣们能理解神宗的良苦用心吗？会感激新法大臣对他们没有赶尽杀绝吗？从他们在元祐年间的表现看，并不。就如神宗到死也不能明白司马光为什么死活不肯为自己所用，旧法大臣也不会明白自己权力与声望的实际来源；而高氏也不会明白神宗优容这些异论之人，或者说，最高权力的掌控者精细地掌控不同政见之人在政治体制与政治文化中的平衡，对于大宋王朝这条航船来说有多么重要。

元丰八年（1085）三月五日，也就是在赵佣被立为皇太子，并改名为赵煦的四天后，神宗皇帝驾崩，王珪宣读神宗遗制，赵煦即皇帝位，史称哲宗。神宗皇后向氏被尊为皇太后，而哲宗的生母朱德妃被尊为皇太妃，高氏作为神宗的母亲，从皇太后升格为太皇太后，并且依遗诏，"权同处分军国事"。

高氏主导的政局开启了，高氏所熟悉的英宗旧臣开始看到了神宗政治转圜的希望，而熙丰重臣则开始感到了阵阵寒意。

二、更化之士聚洛阳

神宗去世的消息传到洛阳的时候，司马光已经远离政治中枢十五年了。当初因为反对新法，他拒绝了神宗枢密副使的任命，之后又多次请求外放；因为反对新法，他在知永兴军的任上不愿配合朝廷在当地推行青苗法；又因为反对朝廷在西边用兵，作为永兴军这样一个靠近西夏前线地区的安抚使，却不愿意配合招募义勇、积极备战，最后，他向朝廷求闲，神宗给他安排了"提举西京嵩山崇福宫"这样一个优待老臣的去处。这个闲官使他得以有时间与物质条件进行他的《资治通鉴》撰写工作。在西京洛阳他一待就将近十五年。这十多年间，他已经远离朝政，也远离了实际的地方政务，一心扑在写作上。但是，外表悠闲，内心却十分焦灼。这从他的遗表中便可以看得出来。

所谓遗表，指的是朝廷大臣临终前所写的章表，当然，如果大臣临终无力执笔，也往往会由亲友代笔。宋朝皇帝恩待老臣，因此高级官员的遗表内容主要是两点：一是表达对朝廷之忠心；二是为自己的家族谋取一些特权，如格外开恩封荫，或是替屡考不中的族人恳求一个出身等。但司马光的遗表却很特殊。元丰五年（1082），也就是他在西京洛阳的第十一个年头，司马光的爱妻去世，伤心之余，他的身体也每况愈下。有一天他起床的时候，突然说话不太清楚。略通医理的他意识到这也许是中风的前兆，猛然担心起来。不为自己个人的前途、性命担忧，他担心的是朝政。他感觉，熙丰新法实施的这些年，士风日下，少年官员奔竞钻营，无所不用其极，而前朝老成的大臣又一一被排挤出政局中枢，百姓的生活状况也并没有改善。耳目所触，都是关于新法害民的消息，这让他忧心忡忡。他很想神宗采纳自己的意见，一改朝纲，但他也非常明白神宗不会听他的。所以，当生命似乎要走到尽头的时候，他拿起纸笔，决心用"遗表"的形式，把这十多年所想、所忧、所要建议的，都一股脑儿地倾泻于笔端。

幸运的是，他的病渐渐好了，遗表最终没有呈上去；不幸的是，本来准备让他在元丰八年（1085）第四任提举宫观任满的时候"赴阙"，也就是进京面见病倒的那个皇帝——宋神宗，却在他尚未进京的时候竟先他而去。神宗无法再劝服他为自己所用，而他也无法再劝服神宗放弃新法了。君臣二人竟然以这种方式断绝了相互妥协的可能。

神宗驾崩，留给司马光的只有悲痛、遗憾，但客观上也为他正式进入朝廷中枢扫平了障碍。当初，他抛却枢密副使的高官厚禄，只因为神宗不愿听他的劝谏。今天，太皇太后秉政，却无疑为他打开了一申前志的窗口。

但问题是，他所认为的危如累卵的国家，他认为祸国殃民的新法，真的有那么不堪吗？他听到的那些关于新法的负面信息都是真的吗？被他认为听不进一切不同的观点的神宗及其熙丰旧臣，真的只是纯粹不愿听"异论"吗？如果他们只是不喜欢反对的声音，那神宗为什么一边那么优容他们这些反对派？还是变法君臣之所以判断这些"异论"没有采纳的价值，其实另有原因？

也许，我们应该凑近去看看这些"异论"是怎么产生的，它的诉求是什么，以及这些观点是如何在司马光身边潮起潮落、影响着由司马光与太皇太后高氏所开启的"更化"之政的。

这还得从司马光居洛时的那段岁月开始看。

当司马光以某种悲情英雄的身份退居洛阳后，中国史学却因此添上了浓墨重彩的一笔。司马光写《资治通鉴》，是获得了英宗、神宗两代皇帝的直接支持的。英宗特批成立书局，由司马光主持，专职编修《资治通鉴》。司马光不但可以自己选择助手和工作人员，而且这些人都是"有编制"的——朝廷提供俸禄、计算工龄，而且书局还可以调阅皇室藏书、用皇帝专用的笔墨纸帛，用御前钱供给工作人员"果饵"等福利。英宗还安排了一名宦官在书局服务，以让皇帝能更快知道书局的需求。神宗登基后，不但保留了上述特权，还为这本鸿篇巨制赐名、作序。当然，司马光与神宗都没有想到，正是神宗所作的这篇序，保护了这本书。在日后新旧党争质变为残酷的政治斗争的环境里，其他深陷政治旋涡之人的著作很多被禁传、毁版，《资治通鉴》同样也受到了冲击，但正因为其有神宗亲自写的序，最终逃过一劫。而司马光也不负这种不世之待遇。

他在当时是一位失势的官员，所以曾被攻击说他借修书之名而窃据朝廷福利待遇。但他并没有替自己争辩，也没有愤而请求解散书局以证清白。为了得到查阅宫廷与国家图书馆藏书的机会，为了得到朝廷委派的书吏帮忙抄录，他可以忍辱含垢，只为早日成书。这个经历，或者可以为他日后进入元祐朝廷后的言行提供一些注脚。

最后还司马光以清白的还是神宗。他请那位派驻在书局的宦官调查，发现司马光压根儿就没申领过皇帝许诺的点心、水果和笔墨纸帛。他也知道了年轻而有才华的范祖禹甚至曾决心放弃书局的俸禄自己跑去洛阳随司马光修史。可以想象神宗知道这一切之后的想法。他立刻下命，让仍留在开封的书局整体搬到洛阳，与司马光"团聚"，同时也堵住了那些试图墙倒众人推的人的嘴。

从这件事上，我们可以看出司马光柔软的一面。他不只会硬刚皇帝与权贵，有时，为了他认为更重要的事业，他也能平静地对待诬蔑攻击，并且劝说年轻气盛的范祖禹"不若静以待之"。当然，这一切的前提，须是最高统治者宋神宗仍然在秉持本朝尊重文人、赓续文脉的立国精神。这对于那些敢于与朝廷唱反调的"异论"者来说尤为重要。

此外，在朝堂上刚正不阿、在著书时一丝不苟的司马光还有另外一面，那就是他作为"社畜"的一面。著书之余，司马光经常出门参加朋友聚会。他既参与文彦博等人发起的定期雅集，自己也发起"兴趣小组"。

元丰四五年间，居住在洛阳城的百姓经常能看到这样的景观：在洛阳的街头，不时可见一群气度非凡的老头儿相率走过。他们有时在名园古刹雅集，有时又在林泉胜地宴游，虽然都已须眉皓白，却难掩浩气英风。更何况，这些聚会的老者，清歌美食之余，还时时赋诗、题咏、填词、下棋，甚至养生、音律、园圃之道无所不谈，毫不介意洛阳百姓的围观与注意。他们题写的诗词，马上会被传抄；他们谈论的话题，立即成为街谈巷议的"热搜"话题；他们的举止风度，时时被洛阳百姓所模仿；他们的雅集，被视为大宋盛世太平之盛景。他们，就是司马光在洛阳的玩伴——他们都是

"洛阳耆英会"的十三位成员之一。

这十三位高人贤士都有谁呢？为首的是因反对变法而被调往外任的文彦博，他从元丰三年（1080）时已经在这里出任西京留守，虽已七十七岁高龄，且退处政局边缘，但身边仍有众多仰慕之士环绕。也由于文彦博的热心联络，使得已经在洛阳十多年、不交世务的老相富弼，和专心著作的司马光都被请出来一同宴乐，在元丰五年（1082）正月，"悉集士大夫老而贤者，于韩公（富弼）之第，置酒相乐"，促成耆英盛会。耆英会本有成员十一人，都是七十岁以上的古稀老人，加上只有六十四岁的司马光，是为十二人，而五年前曾定居洛阳，现在已经成为北京（大名府，今河北大名县东南部）留守的王拱辰也送来书信，说想要加入。于是文彦博兴致大发，邀请福建画家郑奂，先绘了十一人的画像，再躲在帐幕后面悄悄记下了因为年资太浅不敢与会的司马光的样子，把他的像也画了，还特意去到北京大名府，画了王拱辰的像，最后形成一幅栩栩如生的大画，挂在资圣院佛寺新落成的耆英堂，成就了这一段佳话。

文彦博虽然是"会首"，是热心的主持人，但是，这十三位长者中，年纪最大的却是富弼。富弼曾于熙宁二年（1069）再度入朝为左相，但因反对王安石变法，出判亳州，又拒不执行青苗法，上章力请归老，朝廷无奈，允许他致仕，也就是退休。元丰五年（1082）时，富弼已经七十九岁了。这些志同道合的老人家，大多不是名门之后，就是科举世家。他们中，刘几、王尚恭、张问、张焘等人不是曾受范仲淹举荐，就是与现在同样反对新法的欧阳修友好，他们或多或少参与过仁宗时的"庆历新政"，因此与富弼、文彦博在熙宁以前就早有交集；王尚恭、司马光、司马旦等人还组过另一个会，叫"率真会"，与这个耆英会相比，较为简朴随意。其余各人，王拱辰与富弼是同年登科；席汝言与文彦博以及司马光的哥哥司马旦都是同年，几人还曾组织过"同年会"相与游乐。冯行己一直不在政治的核心，其对新法的态度尚不清楚，只是文彦博在熙宁中任枢密使时曾举荐冯行己代替张利一知雄州，当时神宗曾表达过对冯氏能力的怀疑，可知冯氏与文彦博的关系较密切，而且不一定受神宗待见。情况类似的还有席汝言，他与司马光的哥哥司马旦是好朋友。还有一位成员张问，据说在行熙宁新法后，"独不阿时好"，可见他对新法至少是持保留态度的。还有一位楚建中，也曾受文彦博举荐，神宗初年，朝廷因他曾在宋夏前线用事而想重用他，只是在召见他后，"言不合旨，出知沧州"，直至元祐初才入朝为户部侍郎。

总而言之，这些曾经叱咤风云的老者，在熙宁、元丰年间都逐渐退居二线，即使尚未致仕，也较少在地方一线负责实际的军政工作。这并不完全是由于他们的年龄问题。在当时，像他们那样的年纪还在为朝廷效力的官员也不在少数，耆英会首文彦博后来到哲宗登基后还活跃于政权的核心位置。可见，他们之所以被边缘化，主要就是由于他们对新法持否定的立场。因此，这些高人贤士一方面高调宣扬自己的"身之逸乐与心之闲适"，但另一方面，又何尝不是个个心怀太多不得已的苦衷？在熙宁前期，他们或反对王安石，或反对新法，在出守地方后，他们中很多人也曾利用自己的地位与职权对新法施行制造过一些麻烦，更试图通过自己任职地方时掌握的一手材料作为反对新法的证据提供给朝廷。只是这一切都无法撼动新法大势。他们就像被新法的车轮碾过的路边荆棘，虽想过利用身上的尖刺阻挡新法向前推进，最终却发现被摧折的竟是自己。

现在，他们大多已经赋闲，所能提供给彼此的，也往往是从亲戚、门生、故旧那里听到的关于新法如何有害的事例，这一方面更让他们感叹国事不可为，但另一方面，这其实也是他们自我价值的体现——当初朝廷不采纳我们的意见，看看现在给全国上下带来了什么？这种先见之明被证实的快感支撑着他们的信仰，很可能也是他们热衷于这类聚会的原因之一——否定熙丰新政时所获得的认同感。于是，耳闻目睹的都是令人悲观的信息，这更令他们产生了国是日颓的感叹。

只是，无论身居朝堂的宋神宗，还是聚于西京的老臣们都没意识到，这种认同感的背后，却是这样一个事实：无论是变法派还是反对变法派，其实都是被包裹在"信息茧房"中的两拨人。神宗与王安石不一定真的了解基层在推进新法过程中所遇到的阻力，或是制度在实践中的扭曲，而反对变法的大臣们也不愿意去注意民间对新法的认同的声音。而且，从他们中一些人在熙宁年间向神宗上奏时所讲的内容来看，旧派大臣们甚至都不太关心新法的准确内容，也就是说，他们其实都不知道自己反对的是什么。那他们为什么又一口咬定新法一定不利于国家与百姓呢？在"免行钱"推行过程中的一个插曲或许可以说明部分问题。

熙宁六年（1073）八月，朝廷开始征收"免行钱"。在北宋前期，各地工商户经常会受到官府的科敷。所谓科敷，是指每当皇宫、朝廷或者地方官府有什么物料上的需要时，就会到相应行业的工匠作坊或商人那里去征用他们的商品。当然，有时候他们会象征性地给一些钱，但大多数情况下就是无偿地取用。更让工商业者恐惧的是，这些科敷往往是临时发起，有时是突然间要很大的量，如果被科敷的商户没有，那他们就只能高价去调货以满足官方需求。还有，有很多官府把这个变成了敛财的手段，故意临时征调大量商户没有或不足的物资，如果商户不能及时满足需要，那就要把官府声称需要的货物高价折算成金钱交给官府。针对这种宫廷、官府对工商户无预警、无限度的物资征调，变法君臣出台了这个"免行钱"之法，就是让那些工商业者定期交纳一定的"免行钱"，那样皇宫与官府就不能再向商户科敷物资，而是用征收来的"免行钱"自行购买需要的东西。

免行钱的开征，照例受到旧派大臣的一致讨伐。到第二年三月，神宗决定让翰林学士承旨韩维会同开封知府孙永一起去调查一下开封地区行户的投行情况，以此查看是否出现了旧派大臣所说的那些问题。但韩维居然对此十分不满。他对神宗说："陛下对我居然还不如吕嘉问。我虽然不才，好歹是先帝所任命的，是您的潜邸旧臣。现在我已经六十岁了，居然要我处理这样的小事，还要与'新进小生'相提并论，我有何面目出入朝廷？还是让我辞职走人吧。"原来，当时主持开封免行钱征收工作的是详定官吕嘉问和吴安持两位，而这两人都是所谓的"新进少年"。而韩维则在神宗还是皇子时就已经任他的淮阳郡王府记室参军，属于"潜邸旧人"，自认为资格很老，而现在却被派去和"新进少年"一起去调查免行钱的利弊问题，他认为这实在是一种侮辱，因此以辞职向神宗表示抗议。看到这些老臣的辞职理由，估计神宗心里面会气愤——你们不是一直说免行钱给工商户带来很多疾苦吗？现在指派你去调查，不正好给朕提供一手的证据吗？你们不是非常反对新法吗？正好借此机会深入调查，拿出证据，甩在王安石脸上让他无话可说呀！但在这种机会面前，他们更注重的，却显然是自己的年资、尊卑问题，而不是事实的真相。

日后，也是这位韩维，在神宗去世后，在高氏垂帘的朝廷里官居相位，这也可以从一个侧面看出他的政治立场了。

在朝廷行其他法的时候，旧派大臣的态度与行为也同样能说明问题。青苗法，按变法派的说法，就是在农民青黄不接的时候，由官府出贷缗钱给农民，每造收两成的利息，到收成时还给官府。官府的利息据说比私人高利贷要低，因此一方面舒缓了农民的压力，另一方面既使官府长期积存在常平仓以备水旱的粮食能出陈收新，加速周转，又可以赚点钱补贴财政，第三方面，还可以抑制豪强。这事王安石自己在任鄞县知县时曾实行过，效果不错。但在真正推行的时候，某些地方效果不错，也有些地方出现了一些出乎政策制定者预料的问题。其原因非常复杂，既有制度本身的漏洞，也有实践过程中的变形，而从现在留存下来的记录看，还不乏一些故意搅动的民意与舆情。且不说青苗法是否真达到政策预期，也先不去挖掘问题背后的原因，仅从旧派大臣在任职一方时对它的态度上就可以预见它推行滞碍的个中缘由了。

富弼在出知亳州时，不肯配合朝廷出借青苗钱，还说他这样做的原因是"不想使贫民因此而逃窜躲避，也不想使我下属县邑的吏人因为百姓还不起钱，而要用自己的家产赔给公家"。看他的说法，似乎是既怜悯百姓，又体恤下属了。但实际的情况却是，他一面责令自己治下蒙城县的官吏放贷常平钱谷，一面对违反的县吏"重笞之"，还对有异议的官员"即时叱去"。这跋扈的情形又与他此前营造的悲天悯人形象大相径庭。更打脸的是，富弼说大家都议论说，青苗法"害多利少"，但当管勾官赵济路过他治下的永城县时，民众却纷纷拥上来拦住赵济一行的车马，要求借贷青苗钱。后来，赵济上书朝廷反映情况，富弼知道后又反复要求朝廷允许他到西京洛阳养病作为抗议。

此外，作为谏官之一的右正言李常对神宗说，州县在发放青苗钱的时候，并没有把钱给农民，却又要求农民交纳利息。但当神宗请他列举这样违规的州县以备法办那里的官员时，他又死活不愿举证，反而请求罢去自己的官职。范仲淹的次子范纯仁在做成都路转运使时，"以新法不便，戒州悬未得遵行"，也是在新法尚未推行时就臆测它"不便"，然后就要求下属州县不得推行。范纯仁后来也向朝廷请到了提举西京留司御史台一职，到了洛阳，还与司马光组成了一个"真率会"，经常一起吃个饭，喝点儿小酒。

文彦博自己在任北京留守时，也曾故意不按惯例接见新任的转运副使汪辅之，还借口家宴扣住仓库钥匙，使汪辅之无法进入仓库清点账册、开展工作，其原因仅仅是为了要给这位支持变法的官员一个下马威。

这些被誉为名儒元老、极受朝廷礼遇的前任要员，对执行新法官员的轻蔑态度也影响了一批他们的仰慕者与朋友。如本来不怎么涉及政事的思想家邵雍，就曾吟出"遂令高卧人，敧枕看儿戏"这样讽刺王安石变法形同儿戏的诗句；还有就是后来的北宋著名理学家程颐，他在熙宁初靠吕公著的举荐才入朝为权监察御史里行，本来也属于是朝廷中的新人，年资尚浅，但他也以"用贱陵贵"这样的话语来攻击与他差不多时间入朝的变法派官员。值得注意的是，后来，邵雍与程颐也都和富弼、文彦博等人一起赋闲于洛阳了。

这些陆续在洛阳聚集的士大夫们，从他们抵达洛阳以前的经历来看，我们不难想象，由他们组成的无论是"同年会""率真会"，还是"耆英会"，在聚会时，他们所听、所说的，除了风花雪月外，最多的应该就是新法的"不便"了。

三、更化还是食古不化

历史的吊诡之处在于，这些熙丰时期陆续聚居于洛阳的反对变法的大臣，早在仁宗朝时，大部分却是开风气之先的改革派。但随着宦海浮沉日久，有的被现实消磨了斗志，有的被家族利益蒙蔽了本心，也有的仅仅只是因为思维模式日渐僵化，他们有意无意地忘了，就在神宗着手改革之前，他们还在抱怨仁、英两朝已经存在的很多弊病，也认为很多方面亟待改革。

举个关于"差役"的例子。宋代的主户，也就是多少有些私有财产的人，一般都会被官府轮差担任一些公共服务工作，这种义务提供的服务叫"差役"。这意味着主户每隔几年就会被轮差入官府应差役两年左右。具体可以隔几年才被差，则要看所在州县的主户多不多。因为州县作为一级行政单位，官府里需要的人员各地差不多，如果一地主户多，参与轮差的基数大，那差役就相对没那么频繁；如果当地比较贫困，有财产、能成为主户的就少，该地的主户就有可能需要年年都被差应役，相当于家庭里至少一个壮年劳动力要长期脱离本户的生产。即使是最普遍的情况，也要每隔几年就有两到三年完全脱离自家的生计，甚至要远离家庭，自费到官府工作，连办公用品和吃住都是自己出钱。这已经够惨了，如果被轮差到一些重役，那就更有家破人亡的危险。为什么呢？

原来，宋代的差役一般是按户等轮差的，家里财产多些，户等就高些，最高的是一等户，还有一些特别有钱有势的，会被归入"出等户"，就是户等超越一般人的意思。财产比较少的自耕农、半自耕农，一般就是第四、第五等户。如果你家财产少，那大概会负责在村里巡防、催税等较轻的工作，那还算是好的；如果你家财产多、人丁多，那就有可能被轮差做白直、散从之类，不是要自费出差千里之外接送官员及其家属，就是要在官府里奔走效劳顺便被勒索一下。即使是被轮差在州县里做做文书、会计这些现代人觉得没什么难度的工作，在古代，对于那些读书不多的农民来说，也是十分难熬的。官府里的各种往来文书、法律程序他们毫无概念，更不用说复杂的账目处理了。这些人往往会因为写错文字、算错数而被要求赔偿，或是勒索一大笔钱。这还不算，理论上最有钱的主户，还会被轮差做衙前。那可是一个非常痛苦的工作——你或者要去管"公使厨传"，包圆了本州、本县的三公经费；不然就是负责押送地方的钱物去中央指定的地方，如京城、边疆等地。在押运过程中，你不但要出路费，策划路线，还要在穿州过县时被官吏勒索，甚至在到达目的地时还会被以质量不合格之类理由再被敲诈一笔。如果这些钱物损毁了，被抢了，就得用自家的财产兜底。此外还有各种各样的花钱、花人力的工作，反正有的是让你破产的机会。《水浒传》里押送生辰纲的杨志就是因为押运的东西丢了，没办法才上的梁山。小说中的杨志当时已经是军员，是见过世面的，尚且掉坑里了，而北宋前期，做这些的都是平时连自己村子都没出过的农民，可见应一次差役对于这些主户来说有多凶险。在熙宁以前，从宋太宗到宋仁宗，历代皇帝都想过要解决这个问题，只是前朝的改革不是治标不治本，就是不了了之。神宗刚上台时，司马光还就此上奏神宗，说此前的差役改革"到今已逾十年"，但民间反而"贫困愈甚于旧"，指出如果朝廷再不彻底改变，则民户如果不是财产耗费到破产、最后沦为强盗，就没办法停止被轮差的命运。

到熙宁二年（1069），变法君臣决定出台"免役法"，或者叫"雇役法"，彻底解决这个问题。雇役法主要的原则就是，每年按财产数量向主户征收一定数额的"役钱"，官府就用这些役钱雇佣自愿代百姓服职役的人。这些自愿应募的代役人，往往是平日已经有相关经验，或者是市井里头脑灵活、有门有道的人，他们应役则能大大减少农民应役时遇到的各种状况，官府里也可以有一些长期负责同一役种的人，办事也更利索些。免役法在熙丰变法时期被反对变法的大臣们痛批，说这个政策其实是中央敛财的手段。但是其实司马光本人在仁宗末年就曾建议衙前用"募"法。说募请那些头脑灵活的"坊郭之民"，并由他们来押运官府财物，管理仓库出纳工作。他们往往不费二三，但农民常费八九，也就是说他认为"坊郭之民"（也就是城市居民）还是聪明一些。就在神宗刚上台时的治平四年（1067）

九月，他还在大声痛陈差役法如何让有物力的主户"常充重役"，不到破产、沦为盗贼的地步就"永无休息之期"，还说这就是百姓困苦、盗贼特多的原因。但是，到了免役法推行后，他却一会儿说差役法的时候上等户轮流充役，隔几年就可以休息一下，免役法却要主户年年出钱，相当于年年无法休息；一会儿又说，免役法只是免了上户的役，却要通过敛下户的财，去养那些"浮浪"的代役人；还反过来说包括差役法在内的祖宗之法实行了百余年，"四海治安，风尘无警，自生民以来，罕有其比，其法可谓善矣"，根本无须改革。这前后矛盾的样子，是欺负皇上不会"互联网挖坟"呢，还是在反对变法的圈子里泡久了，每天所听所说的，让他连自己的记忆都被修改了呢？

此外，司马光有一个观点是贯穿始终的，就是他认为王安石以"开源"的方法理财既无效，又不道德——因为"天下财富只有这么多，不留在百姓手里，就是到官府手里"，因此，开源就意味着把财富从百姓手里夺过来。因此，他对财用不足问题的解法是——节流。在仁宗末年的奏章中，他主张削减宫中嫔妃、外戚、皇子公主、勋贵近臣们的赏赐与日常经费，说他们的"第宅园圃，服食器用"是"穷天下之珍怪，极一时之鲜明"，因此皇帝的赏赐就侵夺了朝廷的备用金，使得国家面对饥馑、兵革等重大灾难的能力减弱。他还主张要让管理国家财政的机构三司来管理天子的笼库——内藏库的出纳簿记工作，认为只有这样才能避免滥赏滥用。他的主张在仁宗与英宗朝都没有得到重视。但到熙宁元年（1068），神宗任命他与滕甫一起"看详裁减国用制度"，也就是给他一个实践自己节流主张的机会时，他却以要修《资治通鉴》为由，"乞别选差官裁减国用"，推辞了这一任命。第二年，宋神宗准备变更宗室法，裁减对宗室的恩泽，这本来就是司马光七年前极力主张的。但当神宗就此咨询他时，他居然说这事儿"宜以渐，不可急"。

旧法大臣们对新法的态度与言行，大体如是。他们的行为，王安石斥之为"俗流""朽木""烂石"，而神宗却不愿用这样的形容词去表达不满。这些旧法大臣中的很多人毕竟是扶助父亲与自己登上皇位的人，神宗对他们是有感激与敬重之情的，但，为什么他们就不肯为自己所用呢？神宗深感疑惑。他曾不止一次语带埋怨地说这些旧法大臣：既然激切地直指时政，那么朕任命你坐上可以匡救时弊的职位时，你就应该去呀，你又不去；既然说新法推行中有这样那样的问题，那么你可以说出来具体是哪个地方、哪个部门搞出这样的事情，我好法办这些害群之马，但是你却不说，反而赌气要辞职。

其实，之所以出现这些情况，原因大概有几种。

有些情况下，旧派大臣虽然知道弊源所在，但他们大多都是官二代、科举二代，家族、亲故、同年、同乡等各种关系盘根错节。指出问题不难，但要他们去解决问题，就会亲、友决裂，甚至可能会引发两个利益集团间的冤冤相报。以往，这些大臣在轮流面圣时总要写点什么针砭时弊的奏章，博得皇帝与朝议的好感，本来并不预期朝廷会当真解决问题的。没想到现在皇帝想要做有为之君，真着手做了，还指定让当初提意见的人去主持。那怎么办呢？只好请辞呀！

当然，也有因为不认同某些大臣而选择不合作态度的。这些旧法大臣往往自诩纯良方正，不阿时好。"时好"是什么？是变法。如果他们答应辅助神宗，那就要进入具体的职能部门，与那些积极参与变法的"新进少年"共事。而这些骤然被提拔的青年官员，又被这些旧法大臣视为靠迎合变法的主张而被提拔的"奔竞"小人。君子怎么能与小人共事呢？

还有一种原因，就是司马光等人之所以成为变法的反对派，不一定完全是出于对某种具体政策的反对，而是出于对理政原则的反对。正如司马光及他的好朋友们反复强调的，"宽恤民力在于择人，不在立法"，他们认为，只要找个"君子"来主理一方，自然就可以政通人和，而不需要改革制度、立法执法。因此，为政之本，就是找到君子，让朝廷内外遍布君子。只是君子要怎么做，他们并没有具体的想法，也许他们认为，君子只要在其位，自然就会谋美政。因此朝廷一定不能让"小人"得到任何施展的机会，更不能给他们上升的渠道，否则就会鼓励更多的小人冒进。这也是神宗追问旧派大臣"既然你说这样做不好，那怎么做才好"的时候，旧派大臣们又往往无法回答他的原因。因为他们实际上提不出能与变法派相抗衡的政策。

只是，这样的只靠人治的原则难以说服神宗，也恰恰与王安石的理政方向相反。王安石正是由于看到了人性不可靠，才认为需要立法，并设立激励机制——只要制度得当，就能让"小人"也能为朝廷所用，只要君子不愿服务于朝廷，那就让他靠边，不要挡道。

于是，司马光为首的"君子"们就只能眼见那些他们看不起的"新进少年""越次暴升"，多次被破格提拔。这让他们习惯了几十年的按年资序迁的安全感被打破。眼见朝廷颁布越来越多的制度去规范中央政务部门以及州县的行为，这让他们感到浑身不自在，觉得那是对自己权力的冒犯；眼见变法机构派出越来越多的提举官，去考核、督察法令的执行情况，让身为地方主政官员的他们感到有种不被信任的屈辱。但他们也许没发现，他们其实是幸运的。不但神宗对他们一直很尊重，甚至变法派重臣们也没有对旧法大臣做出残酷的倾轧迫害。除不让他们在中央阻碍新法的推行外，他们行动是自由的，家人与财产是受到保障的，声望也并未被朝廷打击。甚至如果他们愿意，完全可以保留在朝廷中的职位，如吴充、冯京、吕公著，甚至富弼、文彦博等人，都曾在新法期间位居执政；在他们自求外放的时候，还可以自己选择退休、得闲官的地方。也是因为如此，西京洛阳才会聚集了越来越多的反对变法的同道中人。

人总是倾向于关注那些与自己偏好与观点相吻合的信息。所以，即使这些旧法大臣在生活中也许有机会接触到一些关于变法的积极现象，也会忽略掉它们，即便这种过滤可能是在无意间完成的。而他们最关心的，就是与变法有关的一切不利的例证——无论这些事例是直接由于新法的设计而来，还是由于执行中的偏差，甚至哪怕仅仅是道听途说的谣言，都会激起他们的感慨，引发朋友间的信息传递。因此不难想象，当这些志趣相投的士大夫们共聚一堂时，他们之间所交流的会是怎样的一些信息。他们在彼此补充与强化的过程中，更加坚定了自己此前对变法的负面看法，也就自然而然地对朝政更加悲观。在诗酒之余，他们视阻止新法的实行为高尚、不阿时世之举，以取笑与侮辱"新进少年"为乐，并以此聊解心中的愤懑与凄凉。

司马光正是在这样的氛围中度过他居洛的时光。多年以前他曾评价自己"不闲吏事，临繁处剧，实非所长"，也就是自认为不太懂政务，因此不擅长在繁剧的州郡任地方长官。他这样说有谦虚自抑的成分，但客观来说，他任职地方的经验的确不多。但太皇太后此时却管不了这么多了。她作为一个之前从未参与政治的人，如今手握国柄，却只能居于深宫、坐在帘后；与她隔帘相对的，是一批老于官场的熙丰旧臣，她的意旨要贯彻下去，势必要与他们周旋，甚至要经过他们的筛选与过滤。她深感无力。她日夜盼望所信任的司马光、吕公著等人能快速入朝。

司马光是在神宗驾崩后的第二天，也就是元丰八年（1085）三月七日才得到消息的。当时他刚好已经第四任提举崇福寺的宫观官任满。虽有神宗的"三十个月后即召见"之约，但他仍不敢径自回东京，而是写了一封《再乞西京留台状》，名为祈请皇帝允许他在西京御史台或国子监任个闲职，但实际上，他也许也盼望着，皇帝在看到奏状后，会想起这个三十个月之约，召他回东京，让他可以有个面圣敷陈想法的机会。只是，没想到奏状刚送上去不久，迎来的却是神宗奄弃天下的噩耗。面对噩耗，他痛心之余自然想立即赴阙奔丧了。但转念一想，自己既是旧任已满，又有三十月之约，还正处于哲宗皇帝年幼登基、太皇太后刚开始垂帘的敏感时刻，如果自己未经召命就贸然入京，会不会引起又一些流言？于是又犹豫了起来。直到听说同为旧法大臣的观文殿学士孙固、资政殿学士韩维都已经到了东京，而同在洛阳的程颢也劝司马光赶紧动身，他才匆匆带上儿子司马康，踏上了这条他已经十五年没走过的进京之路。

尽管昼行夜宿，水陆兼程，可到达东京的时候已经是三月二十二，小皇帝赵煦已经在他到的前一天开始会见百官，在便殿听政了。在他到达东京的当天晚上，他就迎接了一位贵人——太皇太后特意派遣心腹宦官梁惟简，带着口信来慰问他，说他是历仕数朝的大臣，请他一定要多上奏章，为朝政尽心，力赞朝廷大政，补她为政之不足。

这一晚，司马光估计也没怎么好好睡。一到京城就收到太皇太后的宣谕，一方面表明对他的重视，另一方面无疑暗示了他重入中央的可能。这次如果他能重新进入政策制定的中枢，那么，是否意味着自己就能有机会亲手废除害民之法，为大宋开创一个新的太平局面？这种想法让他激动不已。他自己也说，当他听到宣谕后，简直是"积年之志，一朝获伸，感激悲涕，不知所从"。他知道时局的确要翻开新的一页了。只是这一页到底要如何翻开，却需要慎之又慎。

第二章

◎

"女中尧舜"

一、"恬退"之人试掌舵

司马光到达京城的第二天，元丰八年（1085）三月二十四日，又是太皇太后垂帘、百官参与朝会的日子。天还没亮，司马光就穿戴整齐，骑马到待漏院前，步入了朝参的人流。离京十数年，身边同侪已经没什么他所熟悉的人了。正感慨间，却见殿旁卫士居然借着晨曦认出他来，还惊喜地压低了声音告诉同僚："这是司马相公啊！"于是，卫士们纷纷把手搁在额头上——这是一个当时的人用来表示欢欣庆幸的手势。等他参完朝会出来，路边已经聚集了数千百姓，他们争相拥着司马光的马，对他大叫道："相公不要回洛阳了，留下来做天子的宰相，给百姓一条活路吧！"虽说在宋代，京城百姓那人人都是手眼通天的人精，是天子脚下的骄子，对政治敏感，关键时刻敢说敢做敢争取，但这种在路上就叫你为"相公"——这可是宋人对宰相的称呼——当街就堵着你说请你做宰相的场面，还是把司马光给吓坏了。这还是在大行皇帝刚刚宾天、主少国疑的时刻，那些在旁边一起跟着散朝回家的同僚会怎么想？这流言将如何升起？——看来这京城留不得了！正好朝廷宣布免去入京百官进宫辞行的礼节，于是司马光当晚就收拾行装，拟好了回复太皇太后的《谢宣谕表》，第二天即动身回洛阳。

这次入京虽然只有短短数日，但是，太皇太后特殊的礼遇、京城百姓的期盼、殿前卫士的称呼，无不预示着司马光居洛的日子不会持续多久了。等着他的，将是新的使命，也会是新的荆途。但他知道，也早已准备好了。为了这一天，他已经等了十五年。致君尧舜是他的最高理想，他曾把实现理想的依托放在仁宗身上，放在英宗身上，放在神宗身上，但是，都失败了。没想到，最终却在这样的情况下，有了实现的可能。

一回到洛阳，太后的懿旨就追了过来。原来，当她发现司马光已经离开京城之后，连忙问这是谁导致的，又派了使者到洛阳慰问他，并向他咨询为政最应优先去做的是什么事。

正如上文曾经提到的，司马光在英宗朝与太皇太后高氏曾有过交集，在拥立英宗与调和英宗朝宫廷矛盾等方面发挥过很积极的作用。但当时他与高氏之间的信息沟通是单向的。也就是说，高氏有获知司马光等外臣言行的途径，这有助于高氏在秉政之初就能确定以司马光、吕公著等人作为重要助手。但司马光等人却较难通过正常渠道去了解高氏的为人与政见。除了从宫内传出来的零星冲突事件，高氏此前的形象在外廷看来是模糊的。但这次高氏对他的垂青，让司马光几乎已经可以确定，太后至少在政策上不认同新法，在人事上更是倾向旧法大臣。借助她，司马光也许就可以一展自己的抱负。

司马光于是写了《乞开言路札子》，上书太皇太后。在札子中，他并没有提出具体的事务，因为他认为当今正是国家走向治还是乱、是安还是危的关键时刻，不应该关注那些琐细具体的事情，而应该抓住最要紧的大事。这大事是什么呢？"莫若明下诏书，广开言路"。他恳请太皇太后，这开言路的范围要扩大，无论有官还是没官，凡对朝政得失、民间疾苦有所了解的，就可以"进实封状"。实封状是指密封的上书，沿途驿站与官府都不能拆开，因此可以保密地直达中央。允许官民进实封状，就是表达朝廷对上书人的保护。为了让上书人更放心，他还建议禁止地方官府向上书人索取副本，以免他们据内容报复或矫饰自己的作为。

这封札子，实际上是打响了反转变法的第一枪。为什么说开言路就意味着反对变法呢？原因有二。其一，司马光是真的相信新法对基层百害而无一利，只是言路被新法大臣堵塞，下面的困苦无法上达，这才得以长期推行。因此他认为只要朝廷下诏，允许大家对新法的执行情况畅所欲言，就能收集到大量要求废弃新法的言论，作为朝廷废弃新法的依据。其二，在奏札中，他还建议太皇太后委派学士院正式撰写诏书，颁布到诸路州军，在通衢要道上张榜晓示，并设定在京、在外各处可以投递奏状的地点与机构，明文规定言者无罪。这一招才是最厉害的。因为，表面上，这是在向全国展示皇帝与太皇太后虚心听取下情的姿态，但实际上，到处张榜鼓励臣民上状诉说现在的困苦，那不是明白告诉天下，朝廷已经意识到先帝的政策有可能不利于民吗？不是明显在暗示朝廷风向的转变吗？这才是改变天下预期、引导舆论风向变化的重要举措。有学者说，司马光不懂实务。是，他的确不太熟悉州县官府具体的钱粮刑狱、兵政后勤等实务，但他也是历仕数朝的高官了，从仁宗朝开始，他就一直任职中央，在台谏权力恶性膨胀导致的一次又一次风波中，他曾多次处于风暴中心——舆论斗争的套路，他是驾轻就熟的。

但同时，这封札子又通篇不见提及对新法的存废问题。作为一个旗帜鲜明反对变法的大臣，面对很可能也反对变法的太皇太后的咨询，为什么完全不提废除新法呢？这正是司马光的谨慎周到之处。正如他在札子中说到，这正是一个决定国家日后航向的时间节点。尽管他已经知道了太皇太后的倾向，但要推翻整个熙丰变法，还要面临三重顾虑。

第一重顾虑是关于赵煦的情感问题。赵煦虽然年幼，但毕竟他是名义上的嗣君，而且他会长大。如何在他成长的过程中向他解释这个路线的选择并取得他的谅解，这是关系到"更化"能否最终成功的问题。但赵煦毕竟尚幼，这还可稍待时日。

另一重顾虑则更迫切、关系更大，那就是如何将这种改弦更张向天下臣民解释的问题。毕竟现在神宗尸骨未寒，以儒家理念观之，"三年无改于父之道，可谓孝矣"，嗣君至少应该在三年丧期内，甚至更长时间内不对先帝的政策作出较大改动，否则，其政纲的合法性就容易受到质疑。

于是这又涉及了第三重顾虑，就是既然准备要全面推翻新法，那么势必触动到神宗时期主政那一批护持新法的"熙丰旧臣"。高氏能顶住来自他们的压力吗？司马光能凭一己之力帮助高氏在他们手中夺回对朝政的控制权吗？可以肯定的是，面对旧法大臣的进攻，他们一定不会坐以待毙。当他们祭起神宗这面大旗，指责旧法大臣辄改先朝之政，那他们应如何招架？当然，如果能从理论上把更化的合理性讲通，那么，当高氏主导的更化面对新法大臣的反弹时，就能有更趁手的舆论工具，那就能无惧新法大臣的质疑了。因此，在提出任何具体的更化举措之前，先从理论上为更化提供合理化的工具，就成为当务之急。

果然，在司马光建议太皇太后广开言路后不久，仿佛为了抛砖引玉，他又在一个月内接连写了《乞去新法之病民伤国者疏》《乞罢保甲状》《请更张新法札子》等多道奏章。在这些奏章中，除了连珠炮一样质疑新法外，最重要的是，他为太皇太后找到了高举"更化"大旗的理论抓手。

在《乞去新法之病民伤国者疏》中，他从三个方面讲述了全面废除新法的理由。

首先，他逐一数说了变法带来的危害，如青苗免役、市易、赊贷等法，是为国家聚敛财赋，却剥削了百姓；而经营边疆则是"轻动干戈，妄扰蛮夷"，导致百姓生灵涂炭，浪费国家积聚的财富；保甲、户马、保马法，新增的商税和茶盐、铁冶等方面的改革，则是使民众失业穷困的根源。总之，新法"舍是取非，兴害除利"，那就是百害而无一利了；而且还"名为忧民，其实病民；名为益国，其实伤国"，表面上为国为民，实际上是伤国伤民。但问题是，神宗自始至终都是新法的坚定推动者，你这样说，会不伤及神宗吗？司马光说，不会。他不点名地批评了某大臣说，神宗希望这位大臣能辅助自己励精图治，以致太平，因此他对这大臣的信任，就像周成王对周公、齐桓公用管仲那样，谁知这人却非常狠心，不顾国家大局，为所欲为。他一味要推翻祖宗成法，自己喜欢的人，就提拔推荐，与自己意见不一的大臣，就把他们推到阴沟里面去。正是他，才使得在朝廷里的士大夫竞相献上那些奇技淫巧之计，搞得国家乌烟瘴气。新法完全是由于奸臣"躁于进取，误惑先帝，使利归于身，怨归于上"，这并不是先帝的本意呀。于是，这第一步，就是先全盘否定新法，然后把推行新法的责任归咎于以王安石为首的熙丰旧臣。

然后，司马光又进一步说，如果新法大臣说："孔子称：'孟庄子之孝也，其他可能也，其不改父之臣与父之政，是难能也。'又说：'三年无改于父之道，可谓孝矣。'"那怎么办呢？毕竟，作为以儒家学说立国的宋朝，如果皇帝带头违背孝的原则，这是谁都无法接受的。司马光已经意识到，这是更化理论的最薄弱处。他当时能想到的应对办法就是：儒家经典所讲的，是指那些"无害于民，无损于国"的政策。如果这政策都是祸国病民的，还能坐视不管，僵化地等到三年的丧期过去才改吗？这时更改，正是成父之美，并不是违背父亲的意志呀。他又列举了古代贤君在父亲死后马上修改前朝不当政策的例子，如汉文帝、汉景帝、汉昭帝、唐德宗、顺宗等人对前朝政策的推翻等，来证明马上推翻新法的合理性。

但是，他也许已经觉察到，上述例子中，嗣君只改动先帝个别极端的做法，而非全盘推翻先帝的政策；另一方面，政策的更改也是嗣君亲自下手发动。而如今他所面临的局面，是要劝嗣君的祖母以嗣君的名义发动更化，而作为尽孝主体的嗣君却没能力去判断其父的政策是否属于那些马上要修改的弊政，也没有这个机会。这会引发什么后果？舆论上会不会说这是在陷嗣君于不孝？为了防堵这种质疑，司马光在最后提到，"现在军国之事，是由太皇太后陛下权同行处分"，太皇太后是先帝之母，所以就算是全盘推翻前朝政策，那也只是以母改子之政，而非以子改父之道，这样一来，皇上就不会面临不孝的指责了，那太皇太后又有什么顾虑不敢去做呢？

老实说，提出全盘推翻新法的建议，也还真只有司马光有这个资格。他是熙宁前期位居侍从以上的人中，唯一一个就因为神宗不接纳他反对新法的意见而辞去执政之位的人。此后，他坚守反对新法的立场毫不动摇，只要一有机会就会上奏劝说神宗。因此，当他批评新法这样不好、那样不好时，无人敢质问他："你既然觉得它那么不堪，那你早干吗去了？怎么没劝呢？怎么没反抗呢？"这是他最大的优势。作为自始至终反对变法的不合作派，他最纯粹，最无"苟容、反复"的污点，最适合作为反对变法的"赤帜"。但这也是他最大的缺点。在这个持续十九年的变革进程里，他是个完全的局外人，他从没有从实践的角度观察过熙丰变法，也没有像其他人那样，在新法的地方实践中进行过某些程度的微调，观察过微调后百姓的反应。所以，他了解新法吗？他知道新法的真正症结吗？当他进入几乎所有人都令他感到陌生，仍然由熙丰旧臣掌控着的朝堂之后，提出"新法百害而无一利""新法是群臣蒙骗神宗才得以推行"这样的观点时，能说服这些亲自设计、推行新法，深知内中关节，又因新法而起的官员们吗？更何况，他说的"更化是以母改子"这样的理论，还要面临垂帘体制的主角是哲宗还是太皇太后的质疑，面临赵煦年纪渐长后的挑战。因此，他劝说太皇太后遽改神宗之政，是真能救民于水火的"更化"之政，还是食古不化的怀旧者的呓语呢？

二、一再错过的和解契机

公元1086年，这一年，大宋改元"元祐"。据说，"元祐"这个年号是从神宗的年号"元丰"与仁宗的年号"嘉祐"中各取一字而成，内中暗含以嘉祐之旧法去弥补元丰新法中的不足，但又并非全盘推翻新法之意。

实际上，随着个性刚强的神宗崩逝、新君即位，在年号变为"元祐"之前数月，大宋王朝本来有一个实事求是地调整、完善新法，使之更接近熙宁前期刚提出变法时的理想的契机，也出现了一个新旧法大臣间无限接近政治和解的窗口期。

在元丰八年（1085）四五月间，太皇太后和以蔡确为首相的朝廷就接连出台了多项政策。

四月八日，神宗朝时的红人，以苛刻聚敛闻名的京东路都转运使、天章阁待制吴居厚降知庐州。然后，有诏，要求尚书省上申免行钱的征收名目，这预示着神宗时期的免行钱法即将再度被重新审视，甚至可能被废除。

同日，又有诏督促宽限京东、京西路保甲养马年限，命令提举京东、京西保马兼保甲的官员乘邮传火速进京，与三省商议保甲、保马的存废问题。

还是在四月八日，朝廷宣布部分减免人户所欠的市易钱物，罢去在京并京西及泗洲所置货物场。这意味着，神宗坚持的市易法也将被动摇了。

此外，作为农田水利法的举措之一，元丰时曾试图引洛水入汴水，并设立一个主导机构名为"导洛司"。但引洛水入汴水工程的利弊相掺，一直面临极大争议。元丰八年（1085）四月，这个导洛司被废除。还有一个不那么显著的变化，就是对"皇城觇卒"的削减。此前在熙丰时期，每项新法推行时，都会引爆各种舆情。新旧两派都非常注重对舆论的影响，尤其是当这些新法往往是先在京畿地区试行的情况下，旧派更喜欢利用舆论，扰动百姓情绪，制造多次群体性事件。因此熙丰朝廷就长期派出大量"皇城觇卒"在京城巡视、刺探民间舆论。但这引起了很多士大夫的不满，他们认为这是一种罗织罪名、压制舆论的举措，更认为这是王安石等人要阻塞百姓意见上达渠道、蒙蔽神宗的手段。而在神宗去世之后，朝廷宣布减少"皇城觇卒"，这也可以被视为对旧派的某种妥协。

若再加上在垂帘之初就遣散修筑加固京城城墙与壕堑的役夫，不再征召手艺人进入宫廷制作皇室用品，以及处理怙势弄权的宦官等举措，则一个月内，法令的调整令人目不暇接。

值得注意的是，这些雷厉风行的法令调整，都是在吕公著、司马光这些太皇太后所倚重的大臣尚未入朝的情况下颁布的。这当然可以解释为高氏本身是一个有主见、行事果决的人。在此前后上奏的苏轼、韩维等人都是这么说的。他们对朝廷的新气象备感鼓舞与欣慰，司马光甚至说，当天下百姓听到调整新法的系列诏令时，对太皇太后和皇帝的颂叹之声不绝于耳，他们都把功劳归于太皇太后和哲宗。但是，由此也引出一个有意思的问题：作为一个深居内廷，只能与宰执们隔帘相对的妇人，她的懿旨又是如何穿过竹帘，到达相关的机构的？当然，史书上也有记载，以上举措中的一部分是她通过"中旨"的形式，绕过当时的宰相王珪等人直接下达的。所谓"中旨"，就是不经过执政群体，不经过正常的诏令颁发程序，直接通过御笔手诏的方式，由宦官或其他皇帝信任的人直接向有关部门传达。这种方式在北宋末年徽宗时期经常出现。但它毕竟不是常态，高氏也暂时不具备徽宗在位多年后的那种威望与对朝政的控制力。因此，"中旨"注定只能是非常情况下针对某些具体问题的权宜之计。而这个问题背后还有一个更关键的问题，那就是：高氏在神宗时几乎不参与朝政，她对外朝的主见是如何形成的？她真的如司马光所说的，虽然"深居禁闼"，但是"天下之事靡不周知，民间众情，久在圣度"，不但对天下事行细节完全了解，而且对如何解救民间疾苦也早已有了计划吗？这不太可能。

如果说，太皇太后凭着对内臣的熟悉，因此尚有能力主导对神宗朝宦官的黜退与对自己心腹内臣的提拔，那么，她对外朝事务的认知又是如何能具体到某地堆垛场的置废、市易息钱合宜的减免程度，甚至对地方监司的作为也了如指掌呢？当然，她可以借助宦官掌握一部分情况。但是，宦官只能就她已经关心的问题有针对性地收集资讯，就像我们查字典，心目中得先知道自己想查哪个字，才能按图索骥地查找，她得先要知道应该先关注哪个问题，才能指示宦官去查访。而从这一系列对新法的调整看，高氏能针对新法在各地、各部门执行上的弊病形成如此全面、细致的主见，必定先得有一个向她提供全面信息的途径，一本"百科全书"，或者说"行政指南"。她在全面"浏览"后，才能形成初步的为政概念，才能着手下达政令。而能在日常向她提供这么全面、丰富，甚至下探至基层细节的信息体系的，就只能是掌控着各级官僚、汇聚着各种信息的宰执群体。而她据此形成的旨意要穿过竹帘，最后成为全国的政令，中间也必然要经过政府，要通过神宗留下来的这些执政大臣。

那么，此时围绕在高氏身边的执政群体都有谁呢？他们是：首相王珪，官居尚书左仆射兼门下侍郎，简称左相，又叫门下相，只是王珪平日就没什么主见，而且在元丰八年（1085）五月就辞世，基本没参与垂帘之政；次相蔡确，官居尚书右仆射兼中书侍郎，简称右相，又称中书相，元丰八年（1085）五月后就递补而为首相；知枢密院韩缜、门下侍郎章惇、中书侍郎张璪、同知枢密院安焘、尚书右丞李清臣。如果再加上可以通过"风闻言事"、弹劾官员来参与国家大政讨论的御史，则还要算上当时御史台的主管官——御史中丞黄履。这些可都是神宗亲手提拔，护持新法的熙丰旧臣。所以，当拨开后人书写的那些歌颂太皇太后的谀词之后，我们或可发现，在元丰八年（1085）四至五月，在司马光、吕公著等尚未入朝或者尚未在朝廷形成足以左右政局的势力之时，高氏的很多政见，包括对新法的调整，其实是在这批熙丰旧臣的帮助下形成、实现的。那么，熙丰旧臣们为什么又会允许这种调整新法的情况出现呢？

原来，熙宁时期的变法由王安石和神宗共同主持，当时王安石把变法的目的主要放在富国强兵上，取法"先王"、摧抑兼并，甚至也不主张在国力未足、人心未统一的时候就贸然开疆拓土。但到了元丰时期，由神宗独立主持变法，其宗旨就倾向于利用国家的积蓄积极开边。为了支持大增的军费，很多新法在执行的时候就开始变味儿了，甚至变成了国家向地方汲取财赋的新途径，由此也导致了一系列的社会问题。

当然，就如本书引子中所说，到神宗晚年，开边失败后，他似乎也进行了一些反思，偶尔会流露出调和新旧两党、兼用新法派与旧法派的想法。除了之前讲过的，他想要以吕公著等人为儿子的老师外，还以"人才实难，不忍终弃"为由，将对新法不满的苏轼从黄州量移汝州；又借着《资治通鉴》成书，特升司马光为资政殿学士。他这样做的目的是什么？由于他英年早逝，谁都无法猜出来。但是，他晚年时的所说所做，在他身边多年的执政大臣们却都是看在眼里的。他们其实也深知新法在制度上的某些不成熟之处与在执行上的弊端，深知如果这些弊端不除，新法就有继续不下去的危险。只是当时神宗尚在，并且神宗在元丰之后又趋于独断，所以他们不太有机会去调整这些新法。但是，现在神宗去世，社会上开始出现反思新法弊病的声音，如果要新法继续下去，那就必须回应这些声音了。因此，当时在影响力较大的蔡确与章惇等人的支持下，朝廷出台了对新法的某些调整。从这些调整所涉及的面来看，应该也是蔡确等人早已知晓的一些弊病，只是此前没有机会去改动，如今借机实行而已。否则仓促间不可能如此精准。故而这些调整也不应完全被视为是新法大臣在太皇太后秉政的新形势下迎合太后心意、争取主动的战术，而应该说这同时也是对神宗晚年心意的遂行，是战略上的调整。

从这些措施所针对的问题，我们还可以推测它们相应的主导者。例如，上述措施中，对神宗所重用宦官的贬斥，这既是高氏掌权的需要，其实也是宰执们的心意。因为无论是章惇还是王珪，都曾在神宗面前论奏过宦官李宪等人的招权怙势。此外，四、五月间派员察访京东、福建等地，并对吴居厚、霍翔、王子京等掊克百姓的监司进行贬黜，以及其他具体措施的调整，也显然只有多年辅助执行新法，清楚来龙去脉的蔡确、章惇、黄履等人才有这方面的信息、能力与人力资源去主持这些工作。还有，只要仔细看看那些要求在京机构检索现行条制、鼓励中外臣僚反映变法执行中的弊端以便更改法令的诏书，在诏书的最后都要写个申状给尚书省、枢密院，以便商议调整。当时尚书省、枢密院中掌实权且有主见的大臣是谁？不正是蔡确与章惇吗？

此外，元丰八年（1085）四、五月间还有几个重要的人事调整。一是四月十四日自滑州召回刘挚，任命他为吏部郎中；同日，又把梁焘从京西北路提刑的任上召回，入朝为工部郎中；此后，正在知扬州任上的吕公著被召为侍读，正式成为赵煦的老师。这些背后都有蔡确等人的首肯。刘挚当初坚决反对新法，但是，在元丰六年（1083），当神宗与宰执们议论到他时，章惇却称赞他为人平直、不反复。蔡确说："刘挚是有德之人，可惜曾经反对变法。"神宗则说，那已经是以前的事了。章惇也为刘挚辩解，说："刘挚自从被外放，已经不再说反对的话了，岂能不允许别人改过呢？"可见，虽然司马光等人的进用应该是高氏特意为之，宰执难以违拗，但像刘挚、梁焘这类反对变法的中层官员的起用，则很可能是蔡确、章惇等人的主动所为。

所以，史书上记述的垂帘以来所作的各种调整，其实并不全是高氏主导的行动，而是至少得到变法大臣的默认甚至配合的。

更耐人寻味的是，当时的新旧两党中的大部分官员，其实对某些人、某些事的看法居然颇为一致。

首先，旧法大臣抨击熙丰时期一些监司为争业绩而使新法执行走样，说他们祸国伤民却反而屡受升迁，对士风形成了非常不好的导向。新法大臣也认同这一点。监司，在宋代是指转运使、提点刑狱、提举常平等路级官员，他们兼有监察下辖的州县官吏之责，所以统称监司。熙丰时期，为更好推行新法，朝廷新设了一些专门主管某项新法的监司，如提举常平与提举保甲等。而作为一路监司中排名最前的转运使，因为统管一路的财政与行政，因此也往往深度介入新法的执行。在太皇太后垂帘伊始就被黜责的吴居厚，即京东路都转运使。在神宗时期，他把京东路的财政扭亏为盈，屡次受到神宗褒奖，但是，他这些政绩却是通过对京东百姓敲骨吸髓式的压榨得来的。从新法大臣对他的议论也可以看出，新旧双方对这种掊克监司存在着相当大的共识。元丰末年，章惇就曾评论吴居厚："京东百姓恨不得吃他的肉。"

多年以后，到哲宗亲政后的绍圣四年（1097），在当时"绍述"神宗之政的气氛下，曾布仍坚持反对吴居厚任户部尚书。他的理由就是吴居厚在神宗朝对百姓的剥削太过严重。熙丰时的御史蔡蹈也说吴居厚在京东"牟利殃民，众所备闻"。此外，作为新党之一但立场较温和的沈括也认为京东实行榷盐法之后，"齐鲁之间大骚"。可见大量新法大臣并不认同吴居厚这种为政方式，只是由于吴居厚在神宗时一直受神宗重用，故而一直无法撼动他的地位。在神宗去世后，吴居厚迅速被降知庐州，五月，他开始受审查，到十月被责授成州团练副使，黄州安置。这些都是在司马光、吕公著未入朝之前就开始着手进行的。

几乎在同时，朝廷又派出监察御史陈次升去江南西路、监察御史黄降去福建路，按察两路的茶盐新法实施情况，最后根据考察的反馈，斥逐福建转运副使王子京等人。这次行动也与当时主管御史台的御史中丞黄履有关。作为新法干将之一的黄履首先指出了福建路盐法的弊病，然后另一位新法大臣、监察御史安惇也指出东南茶法的问题，这是促成朝廷差官前去体察情况的主要原因。此后，京东的保甲、保马在诏令官员进京授受调查后，也挖出了转运副使吴居厚、京东路保马霍翔等人的不法之事，最后这些监司都受到了贬逐。这些动作，均是在旧法大臣纷纷入朝以前就已经启动，显然是仍然在位的新法大臣基于自己对各地执行情况的掌握而采取的主动作为了。

新旧两派大臣还有一个共识，就是他们都承认，虽然新法的某些措施有严重弊端，但另一些措施却颇有成效，不宜一刀切地马上废除。如章惇自己就说，"保甲、保马一日不罢则有一日害"，这是需要直接废止的；但"如役法，熙宁初以雇代差，行之太速，故有今弊"，这是调整修改后可以继续施行的。可见他对新法不同政策间效果的区别十分清醒。这一点，和吕公著所见略同。

元丰八年（1085）六月，吕公著受诏入朝，太皇太后派宦官向他询问，在"更张之际"最急切需要做的是什么事。他上奏道：在变革之时，不要太仓促。如青苗之法，本身没什么问题，只是当时规定每年考核官员的时候，以青苗钱借贷出去的量作为考核标准，这样官员们为了争功，只好强制百姓来官府借贷。如果把这个考核去除，那百姓就可以按需借贷，不会被强迫了。而免役法，则只要少取宽剩钱，让有钱的人出钱，有力的人出力，差役、雇役相结合，那就可以达到公私两利。吕公著对保甲法的态度甚至比章惇要正面。他认为保甲之法也不用全部废除，只要不是全年都隔三岔五就聚集教阅，而是限定在当年十一月到次年二月间教习，而且只委派原有的监司去按阅，不再设立专门的提举保甲司，那就不至于太妨害农时。要而言之，吕公著对熙丰新法中最重要的三大法——青苗、保甲、免役法，都不主张废除，而认为可以经改造后继续施行。其余像保马、市易，东南与南方的茶法、盐法，以及北方三路以军事为目的的教阅型保甲，才需要马上废除。

其他在垂帘后陆续入朝的旧法大臣，大多也并不是全盘否定新法。尤其是那些被外放做地方官，被迫亲身参与到新法推行中去的官员，有相当一部分在实践中发现新法的便民之处，同时也发现自己不问青红皂白一味反对新法的幼稚。如熙宁初极力反对新法而被外放的苏轼，他在密州知州任上，在推行雇役法的过程中，创造性地想出了一些简便的计征之法，不但使役钱征收效率更高，而且当地民众也颇满意，于是到元祐年间，他又成为了雇役的重要支持者，在给前辈友人滕甫的信中还说："我们在新法初行的时候，总是固执于自己的偏见，以致对朝廷政策有各种异议。虽然我们都是出于耿耿忠心与忧国忧民，但现在回想起来，当时所坚持的主张其实有很多是乖谬无理的。"这固然反映了苏轼在经过实践之后不断反思自省的真性情，但也同样说明经过在基层亲身体验后，即使当初极力反对新法的官员，其主张也有可能改变。

同样也是因为反对新法而被外放为地方官的范纯仁，初时还因为认为新法"不便"，训诫下属不得遵行，但到垂帘初回朝后，也开始极力反对司马光全盘推翻新法。后来，苏轼、范纯仁都进入了由吕公著建议成立的"详定役法所"，负责议定熙丰三大新法之一役法的更化事宜。

可以说，全盘推翻新法而退回嘉祐之法，在元丰末元祐初的时候，并不是朝廷之上大多数人的主张。无论新旧大臣，相当一部分人所主张的，只是调整新法，而非废除新法。

而正在此时，还处于当权地位的以蔡确为首的新法大臣又做出了局部调整新法、召回旧法大臣等举措，相当于向旧法大臣们伸出了橄榄枝。假如新旧两派大臣能以国事为重，开诚布公地坐下来慢慢为新法各项措施的存废斟酌商量，以旧法补新法，则元丰末元祐初的垂帘与更化本应是一个兴利除弊的重要契机，那将会给大宋皇朝一个新的发展机会。

但是，旧法大臣中的另一部分人却不是这样看问题的。

对于旧法大臣来说，新法虽然可以部分保留，但是，新法大臣却通通需要被清除出朝廷；新法的具体政策可以商量，但推行新法的"新进少年"却与他们不共戴天。如果保留新法意味着要保留新法大臣，那么就连新法也要连根拔除。以前，神宗坚定地推行变法、支持变法大臣，那打击新法大臣的想法对于旧法大臣来说只能是以卵击石，但现在，当权者变了，他们开始极力嗅探，试图找到改变中央权力格局的机会。

早在神宗仍在位时，不但神宗对旧法大臣优容、尊重，某些新法大臣也并不愿意对旧法大臣赶尽杀绝。如在元丰七年（1084）正月，当王珪想借苏轼诗句"根到九泉无曲处，世间唯有蛰龙知"等文字，对神宗说苏轼有"不臣"之意时，章惇就从旁为苏轼开释。此外，蔡确对支持旧法的前宰相吴充的儿子、太常少卿吴安持的态度也很值得一提。多年以前，在元丰元年（1078）的时候，吴充尚在相位，蔡确为知谏院，当时神宗诏令他协同御史台受理一个案子，是文彦博之子、吴充之婿文及甫，和吴充的儿子吴安持这两个"官二代"，受人所托，利用自己的关系帮一位判案失误的官员脱罪的事情。也就是所谓的托关系"捞人"。吴安持作为宰相之子，地方官府无法审判，于是送到御史台。他的违法事实难以推卸，最后遭到法办，这本是理所当然。但吴安持却因此对蔡确怀恨在心。元丰七年（1084）十一月，他诬陷蔡确的弟弟蔡硕有贪污之罪，试图以此牵连蔡确。此案查明后，吴氏面临着"徒二年"的处罚。但蔡确反而向神宗求情宽赦他，而且在五个月后，还以"安持吏干实长"为由，以宰相的身份亲自举荐吴安持，使后者得以由监曹州酒税升任为权知滑州。当时神宗仍健在，蔡确等人相位仍稳固，而他却能撇开个人恩怨，不计前嫌，固然蔡确大度，但另一方面也似乎有向旧法大臣传递和解信号之意。

但是，新法大臣的善意，以司马光为首的旧法大臣却并不领情。

于是，垂帘之初的政治氛围就变得十分诡异。从变法派看来，元丰八年（1085）四、五月份密集而急促的政策调整只不过是在坚守变法总纲之下的一次自我完善与调适，是维护新法、继述神宗之志的体现。但这些变化从旧法大臣的角度看来，这就是高氏要全面废除新法的先声，这就是他们的机会。于是，全方位抨击新法、攻击新法大臣，从舆论层面形成对新法大臣们的压力，最后促使太皇太后高氏把他们赶出朝廷，就成为首选动作。旧法大臣纷纷上章赞美高氏的忧国爱民，说天下百姓看到诏书无不"欣悦相贺"，并鼓励高氏继续昭示自己"有意更张"的重要信号，下诏采集对新法不满的官民意见。而司马光也正是在朝廷这些措施的激励下，从四月二十七号开始，一改此前一味模糊地只建议朝廷广开言路的做法，而是连上数章，一边敦请高氏颁布求直言诏，一边自己就接连递上《乞去新法之病民伤国者疏》《乞罢保甲状》《乞罢免役钱状》《请更张新法札子》，对熙丰用人与为政作了全面的否定，以鼓励更多人上书批评新法及新法大臣。可见他要高氏求的哪是什么直言，这分明是意在收集反对新法的言论，作为推翻新法的论据。

在他的描述里，神宗改革的用意是好的，无奈所托非人，他所用的改革大臣，都是不顾国家大体，"专欲遂其狠心"的人，只顾邀功，误导先帝。新法，"名为忧民，其实病民；名为益国，其实伤国"，令天下百姓"失业穷困，如在汤火"，为什么会这样呢？是因为那些新法大臣想把利益都归于自己，让百姓的怨恨却都怪到神宗头上。司马光说，这实在是对神宗本意的扭曲，"皆群臣之罪，非先帝之过也"。所以现在太皇太后推翻新法合情合理；而且不能只是"微有所改"，而是要把那些他认为"病民伤国、有害无益者",统统痛加厘革。

但他的论述逻辑中最关键的问题在于,他说新法大臣积极推行新法是为了争"功",那到底是谁认为这是"功"?这标准恰恰是由神宗皇帝自己定的。神宗认为新法大臣们有功,这已经充分说明君臣利益与目标一致,那又如何把新法与神宗的意志分开?如果说,神宗是受到蒙蔽才以为新法大臣有功的,那这岂不是在说神宗是一位是非不分的昏昧之君?这是一个贯穿旧法大臣所主导的整个"更化"过程的重要逻辑漏洞,甚至可以说,以司马光为首的旧法大臣们,他们既要反对由神宗始终坚持的新法,那么,又如何能与"谤讪先帝"的罪名相区隔?而这个也是垂帘之政初期新法大臣所掌握的重磅武器。

面对咄咄逼人的旧法大臣,尚在宰执之位的新法大臣们这时也出手了。

三月三十日,司马光上奏要求朝廷颁诏求直言,这得到了太皇太后的支持。但到五月三日这求直言诏颁布出来时,其内容却颇耐人寻味。

诏书先是保证"凡内外之臣,如果能以善言劝谏朕,朕不但虚心接受,而且不会吝啬高爵厚禄。即使所建议的并不合理,不切实际,或者不合朕的心意,朕也将欣然容纳,不会拒谏"。如果只看到这一段,司马光应该会感到很欣慰——朝廷果然应其要求,诚挚求言,这是对他的主张的极大肯定!但,还不能激动得太早。因为这诏书还有后半截儿:"但是,如果有人不怀好意、不合本分地上书;或是对朝廷机要之事进行煽惑动摇;或是在上书中只求迎合朝廷已经颁布的命令而非在实践中总结经验教训;或是对上则观望朝廷的意思,希望通过上书侥幸获利,对下则沉迷于逢迎流俗之人的想法以搏虚名，那么，只要朝廷查了出来而不惩治的话，就一定会败坏风俗，不利于治理国家。因此，如果遇到以上情况的，朝廷就不得已要进行黜罚了。"所谓"流俗"，本指世俗之人或世俗之风向，但在熙丰变法时期，王安石往往以此批评那些因循苟且、不欲革故鼎新之人，因此"流俗"一词后来成为专指旧法大臣的贬义词。

这个诏令一方面告诫人们在上书时不能迎合"流俗"想法，另一方面也提示不能一味奉迎朝廷法令，似乎相对中立，但从旧法大臣看来，就是宰执们为上书设定了大量限制，甚至是对试图批评新法言论的一种警告。

只是，如果我们站在新法大臣的立场考虑一下就可知，这份诏书的出台，其实有不得已的苦衷。神宗壮年病逝，从发病到去世时间非常短暂，驾崩前甚至都不是在清醒状态下立的太子，这势必造成朝廷内外人心惶惶。此外，母后垂帘、主少国疑，这都是执政团体面临的大问题。如果这时出台鼓动上书诉说新法弊病的诏令，那么要全盘推翻先帝政策的意味将会被放大。在这样的非常时期，不但无法保持国策的连续性，甚至政治稳定的根基都有可能在瞬间被动摇，导致难以预料的后果。而这一点，太皇太后高氏与不在其位的旧法大臣显然不会有所考虑。因此，应高氏要求颁发求言诏，但同时又在诏令中传播朝廷将坚定推行新法的信息，实际上是新法大臣的一次防御性措施，是对动摇国策者的警告，这对于执政团体来说，是完全合理的，但对于力求掀起一场反对新法舆论战的旧法大臣来说，又无疑是一次挑衅。

就在朝廷颁发包含诸多限制"求言诏"的同一天，朝廷特命刚被起用为陈州知州的司马光在赴任之前要"过阙",也就是要先绕道京城,还要"入见"。这是一个重要的信号。按宋朝惯例,如果重要的臣僚在调任的时候,被旨"过阙觐见",那往往是进入执政层的先声。同一天两通诏书,反映的是两种激荡的意见。朝堂之上,就算是再迟钝的人,也能感觉到山雨欲来的气息。

司马光人未到,太皇太后就已经等不及了。五月十五日,太皇太后所派宦官就到了洛阳,催请他赶快赴阙。当时,司马光还在规规矩矩等着陈州方面的公差来接他上任呢。

元丰八年(1085)五月二十三日,信念纯粹、从不妥协、被王安石称为旧党"赤帜"的司马光终于抵达京城。

命运在这一刻也格外眷顾这位执着的反对者。就在他还在进京路上跋涉的时候,首相王珪病逝,原本全被新法大臣占据的宰执之位终于空出来了一个。这对于一直想在宰执群体中安插自己人的高太后来说简直是正打瞌睡碰上送枕头的。她马上找来蔡确商议替补相位之事。按规矩,左相逝世后,理应由右相递补左相之位,因此蔡确无疑就将成为左相。但谁应该补上蔡确的右相的位子呢?蔡确当然想吸引时任门下侍郎,也就是副宰相的章惇。但他也不想太落形迹,引起高氏的疑心。因此当高氏咨询他时,他只是说:"按现在的班序论,那就是知枢密院事韩缜应该成为递补,但如果按'祖宗故事',那就应该轮到东厅参政。"东厅参政,指的就是章惇了。按蔡确的预计,言必称"祖宗"似乎应该更尊重祖宗传下来的惯例,让章惇做右相。谁知高氏也不傻,她早看出蔡确的心意。虽然她一向不喜欢韩缜，但更不想让蔡确的人走上高位。于是，韩缜被任命为右相，门下侍郎章惇则被迁为知枢密院事。这样一来，门下侍郎之位就终于空出来了。高氏移营换将，正是为了把这个位子留给司马光。因此，二十三日司马光到达阙下，二十六日任命其为门下侍郎的制书已经颁出。门下侍郎就是副宰相，时隔十五年后，司马光又一次被拉进了权力的核心，他果然成了"司马相公"。

但这一次司马光却又递上札子辞免。出知陈州的任命，他很爽快地就答应了，而出任门下侍郎，他为什么要推辞呢？

原来，司马光甫一抵京，太皇太后就命人把五月三日那通"求言诏"抄了一份，让宦官送到了司马光的面前——她亟须征询司马光的建议。司马光拿着诏书的抄本快速浏览，马上发现了其中的猫腻。他感觉太皇太后一定是被宰相们骗了。他愤然上书提醒太皇太后："诏书里那些限制的话，一定会令百官、百姓都不敢上言了。因为一上言，就有可能中了这'六事'之一——如果上言中对大臣有所褒贬，那就是'不怀好意'；如果稍有涉及本职工作以外的事情，那就是'不合本分'；痛陈国家安危大计，那是'扇摇机事之重'；如果所说的合乎朝廷政令的精神，那也是'迎合朝廷已经颁布的命令'；如果说新法的不好，那更可以说是'观望朝廷之意'；反映民间疾苦，则可以说是'逢迎流俗之人的想法'。那天下之事，还有什么可以说的呢？这分明是明为求谏，实为拒谏啊！"而且诏书中只要求御史把它抄出，在朝堂之上张榜，司马光也认为这个传播范围太窄。他力请朝廷让学士院正式草拟诏书，删去对上书的限制条款，并且遍颁天下。他甚至对这求言诏应该张贴在什么地方、官民的上书渠道等都有了具体的建议，如"在京城的话，就在尚书省前面和马行街上出榜；在京外，就在各州、府、军、监的热闹之处张贴"；不管有官没官，只要了解朝廷缺失和民间疾苦的，都要允许他们"进宝封状"，就是可以密封自己的状子，不让别人看到。上书的状子，在京城内的可以到登闻鼓院、检院投放；在京城之外则可以到州、府、军、监的衙门那里投送。而且，为防止相关官员阻挠、利用他们的上书，他还周到地建议朝廷禁止相关官员强迫他们提供副本。

但司马光的建议送上去后，一时间并没有得到回音。是高后不同意他的意见吗？似乎不是的。因为在司马光与吕公著后来正式进入宰执行列后，有一通诏书发给正从知成都府任上准备回京当翰林学士的吕大防，问的正是"新法有于民未便者"。而且，诏书要求吕大防在不要等到自己进京后再上奏，而是要火速收集，然后用急递送上京。更值得注意的是，诏令还要求这些意见进京后，不按规定经过登闻鼓院、进奏院等渠道，而是直入"入内内侍省"。这是什么意思？这分明就是高氏知道，如果吕大防的情报走一般外路官员上奏的途径上报，很有可能会受到宰执的阻挠，因此才让它们不经外朝，直入后宫啊。可见高氏自己其实也参与了与宰执间围绕舆论和信息掌控权的争夺。所以，是谁让司马光关于不设限地求言的建议如石沉大海呢？几乎可以确定是以蔡确为首的新法重臣了。

所以司马光才干脆以辞免的行动表达自己要求删去限制、让臣民畅所欲言的坚定立场。

与司马光所见略同的是韩维。六月十四日，元丰年间同样领着闲职的资政殿学士、提举崇福宫韩维被命赴阙。

原来，准备去做陈州知州的司马光半路上被改命为门下侍郎，那陈州知州谁来做呢？于是朝廷起用了神宗时的潜邸旧人韩维。当然，韩维上任前同样被召过阙。在朝见皇帝后，太皇太后同样派遣宦官传递手诏慰劳韩维，之后韩维也上奏，说在觐见的时候，在朝堂上看到了那通求言诏，十分怀疑那设限的文字是后来增入的。因为诏书前面明明说了，就算是忠言逆耳，皇帝也会优容，不会追究，那后面为什么又用黜罚的话来吓唬上书的人呢？

这通上奏之后，韩维也被留在了京城，做了小皇帝赵煦的经筵兼侍读官，也就是皇帝的老师。当然，我们关心的并不是陈州知州又得另外找人了，而是，韩维被留在中央，而且成为高氏所看重的皇帝的老师，可见她希望以韩维的意见去影响小皇帝的心思。至于司马光，高氏则特意派内臣梁惟简赐手诏给司马光，好言劝他上任："嗣君年纪还小，我又每天日理万机，正要依赖你们这些方正之士，有很多政事与你商量，你又为什么要推辞呢？"同时，她还保证会再降诏书，广开言路。这样，司马光才受命赴任。

六月二十五日，朝廷终于再次颁布求言诏，内容完全按司马光所建议的来写。至此，元祐更化正式揭开序幕，旧法大臣的更化大计取得了第一个回合的胜利。

接下来旧党若要全面执政，要摆脱新党的掣肘，他们接下来要做的，就是要进行一次人事上的大换血。过去十数年脱离实际政务工作、始终对新法与新法大臣持鄙夷态度的"耆老"们将会开始重掌政局，从此，大宋王朝就一再错失各种调和各方政治力量的机会，政策从一端滑向了另一个极端，报复与打击贯穿了元祐时期，引起了新法大臣更激烈的反弹，党争成为北宋后期政局的主旋律，直至最后灭亡。

三、帘前帘后众生相

前文也说过，人事上的频繁调动从神宗一去世就开始了。一类是借着"捃克"之名，黜降一些神宗倚重的监司，或是将新法大臣从中央调往外任；另一类，是把外任、赋闲中的旧法大臣调入中央，如司马光、吕公著都被召入京供职，程颢被任命为宗正寺丞，知成都府吕大防被召入为翰林学士，强硬的反对变法派王岩叟从知定州安喜县任上被调入为监察御史，真定府路安抚司勾当公事孙升也被调入为监察史等。不过现在在权力核心中，新法大臣仍占绝对优势——两位宰相蔡确、韩缜是熙丰旧臣；副宰相中张璪、李清臣是新法大臣，只有司马光是旧法大臣，吕公著则要到七月份才就任尚书左丞，成为副宰相；枢密院中两位长官章惇、安焘都是新法派。正因如此，尽管求言诏已经按旧法大臣的主张来颁布，但一旦收集到对新法不利的证据时，真要推翻新法的各项举措，仍会遇到强大的阻力。因此，就在求言诏颁布几天后，借着太皇太后咨询更张旧法要从哪开始的机会，吕公著上书，建议高氏"广开言路，选置台谏官，诚得忠正之士，布在要职"。

吕公著所说的"要职"，主要指台谏。因为北宋立国以来就奉行一个

"异论相搅"的原则，也就是说，皇帝在能影响决策的核心权力圈中故意任用观点不同的大臣，让不同的意见相互牵制，而皇帝则可以以超然的地位，以调停者的身份出现，成为决定天平倾向的关键砝码。而各个异论相搅不但体现在宰执之间，也体现在宰执与台谏之间。

台谏指的是御史台与谏院。这两者本来一个负责弹劾不法大臣，另一个负责规劝皇帝，但在宋代，两者的职能有混合的趋势。台谏官员也被称为言官，他们有权"风闻言事"，也就是不需要向任何人提供他们获取消息的渠道，只要"听说"有这样的事，就可以上奏弹劾相关官员。这是一个很大的特权。由于言官们的建议与意见在宋代非常受皇帝重视，因此他们俨然成为朝廷上一股可以与宰执们抗衡的重要力量。一般来说，宰执的亲旧门生不能任御史台与谏院的官员，这样台谏才能尽情地负起为天子监督百官的责任。但是从宋仁宗统治时期（1022—1063）开始，台谏的权力呈现迅速膨胀的趋势，他们往往抱团，共同上奏攻击那些他们不喜欢的大臣。而受到弹劾的官员即使位至宰相，一般也会不安其位，为了体面只好主动辞职。因此台谏官往往能威胁到位高权重的大臣。他们也很清楚这一点。从仁宗到英宗，每次朝廷有重大举动，台谏就会闻风而动，有时的确能阻止某些错误政策出台，有时却仅仅为了博取名声，或是争一口气，甚至为了某些政治派别的利益，利用"风闻言事"之权扰乱执政秩序。到了熙丰时期，宋神宗与王安石开始变法之后，被旧法大臣掌握的言官们就更是发动了对新法的全面攻击。所以宋神宗开始打破"祖宗之法"，逐渐撤换了大批的言官，使得台谏系统也逐渐成为维护新法、打击推行新法不力的大臣的工具。吕公著作为从仁宗时就领教过言官威力的老臣,他当然知道言官在排挤新法重臣方面可以起到的重要作用。只要让自己人遍布言路,旧法派就可以指哪打哪,这才是把新法大臣赶出朝廷的关键一步。

于是,吕公著开始手把手地教太皇太后高氏如何通过重新在言路和其他关键岗位上布置自己人。他首先整理了一个名单,还贴心地向高氏介绍名单上人的特点以及可以安排的位置。如秘书少监孙觉,方正有学识,可以做谏议大夫或给事中;直龙图阁范纯仁,"劲挺有风力",可以做谏议大夫或是户部右曹侍郎,这是专管新法产生财政收入的部门,正好可以重新调整各种新法;礼部侍郎李常,清廉正直,可以做御史中丞;吏部郎中刘挚,资性端厚,可任命他做侍御史;承议郎苏辙和新授的监察御史王岩叟,都很有才气,可充当谏官或言事御史……乍一看这阵势,我们也许会质疑:这朝廷命官,怎么都成了他吕家的伙计?不知那些正在御史中丞、户部侍郎任上的黄履等人会作何感想?但若再细想一层,我们就能明白,吕公著这是在帮旧法大臣打响争夺台谏、推翻新法的第一仗。

至此,前有司马光以不任相要挟,迫使朝廷"开言路",借以收集、推动舆论;后有吕公著提议重新选置台谏官,换上他们认为的"忠正之士",其目的就非常明显了,那就是要控制台谏体系,然后以此为武器,再以所收集的信息为弹药,去动摇那些尚在高位的新法宰臣。

当然,高氏也不是马上就按吕公著说的办,她转身就把吕氏的奏章转给了司马光,请司马光就此出出主意。司马光先是着重强调一下:"自从吕公著到京,我和他也只是在办公地点,混在同僚之间见过一面,我可没有私下里与他有任何接触。"暗示自己接下来所说的，绝对不是与吕公著串通后的结果。然后他就感叹道："公著所说的，和我所想说的，真是不谋而合啊！可见天下之人，都有同样的想法呢。"反手又给了高氏一个更长的名单。

吕公著六人名单与司马光长达二十几人的名单部分重合，他们都是在熙丰年间的"异论"者。

在元丰八年（1085）七至九月间，按照两人的建议，名单中的人陆续被安排入要害部门。如范纯礼调为户部郎中，管财政；孙觉为右谏议大夫兼侍讲，既守着言路，又是皇帝的老师；资政殿学士韩维兼侍读、苏辙成为校书郎；右司郎中胡宗愈为起居郎，负责跟随皇帝记录其言行，这是可以更接近皇帝的重要官职；刘挚先被升为秘书少监，不久被调任侍御史，把控台谏的又一名干将出现。

但是，这样的人事调动，高氏还是觉得太慢了。到十月十四日，高氏干脆用"中旨"，一下子按名单除授了五名台谏官员，包括命知庆州范纯仁为左谏议大夫，知虔州唐淑问为左司谏，朝奉郎朱光庭为左正言，校书郎苏辙为右司谏，秘书省正字范祖禹为右正言。

对台谏、户部等要害部门做出这么大调整，蔡确、韩缜等宰相为什么就没有反应呢？的确，按宋朝的"祖宗之法"，台谏官员的差除，是要由中央的高级官员举荐，然后由宰执负责主导草拟诏令，这才能成事。但现在由于高氏与司马光、吕公著等人所任命的台谏，正是为了把蔡确他们赶下台而做的准备，那又怎么可以让他们预先知道呢？因此像孙觉、刘挚等人任言职，全都是以太皇太后主导的名义，任命书下达，蔡确等人才知道，根本就没机会去反对。

但这次稍有不同。这次因为任命规模较大，而且又是用高氏的"中旨"下达，因此不得不走个过场，要求三省、枢密院同进呈。也就是把拟的名单呈给皇帝审批。这就终于让变法派捕捉到了反击的机会。

进呈时，高氏不愿宰相们注意到任命程序的瑕疵，故意避重就轻地问："这些人声望不错吧。"要知道，熙丰后期留下来的这些宰相大部分都是不太有主见的人。之前神宗病危的时候，蔡确想要确定储君，但当时他是次相，资格不够，于是聚集宰相们商议，但首相王珪，副宰相李清臣、张璪等人都沉默不语，最后还是找了知枢密院章惇出头，迫王珪讲出了"皇帝有儿子"这样的话，才顺利写出了诏书送到神宗面前确立太子。那草拟诏书的人甚至都不是首相王珪，而是知枢密院章惇。现在，站在帘前的还是这帮不太作声的人，因此高氏觉得她遇到的阻力应该不大。蔡确虽然为人深沉多谋，但他却不擅长当面锣对面鼓地直言自己的意见；而新任次相韩缜则由于名单中的范纯仁与自己有亲戚关系，当然乐见其成，搭话说："颇孚人望。"

眼看由旧法大臣完全掌控的台谏系统就要形成了。

这时，还是以敢言著称的章惇站了出来。他搬出了"故事"，也就是宋朝的惯例、祖宗家法，淡淡地说："按我们大宋惯例，谏官都是令两制以上大臣奏举，执政进拟名单，现在这些名单是从宫内直接下达的，我不知道陛下您是从哪里知道这些人选，不知道是不是左右近臣推荐。如果是的话，这突破制度的方便之门真是不应该开启。"他故意质疑太皇太后身边的宦官、内职徇私，利用太皇太后为别人要官。这正是高氏所避讳的。她以大公无私自许，怎么受得了质疑？只好分辩说：这都是大臣推荐的，不是我身边的人推荐的。章惇马上咬住了这一点，把战火烧向了"大臣"："既然是大臣推荐的，那应该在办公场合公开展示名单，为什么弄得这么秘密？"于是点中了次相韩缜、副相吕公著和司马光。他们均说因为里面的范祖禹、范纯仁等与自己有亲，所以另外的大臣在推荐他们的时候就要避嫌，不便集合大家商议，而是秘密去说。章惇一副忧国忧民的样子："台谏系统是用来纠正、约束执政大臣不法行为的，按祖宗故事，如果有亲戚或是他曾经举荐过的人是台谏官，那都要调任其他职位，以保证台谏能正常发挥绳墨之作用。现在皇帝年幼，太皇太后同听万机，应当事事都遵循本朝惯例，不可违背祖宗法度啊。"旧法大臣动辄拿起祖宗家法来说事儿，没想到这次倒给章惇用祖宗家法顶了回去。但章惇的话，立场正确，无可辩驳，司马光也知道自己一方理亏。既然无法分辩，那他就只好又祭出了常用的一招——辞官："纯仁、祖禹做谏官，确是众望所归，不可以因为避我之嫌而妨害贤人任职。我宁愿避位，不做这副宰相了。"这种以退为进却太落形迹，显得幼稚而冲动。且不说宰相一职的任命是国家最重要的人事任命，岂同儿戏？而且你这个相位还是高氏想了多少办法，又靠了多少运气才谋来的，高氏正需要逐步打破执政团体的平衡，你这一辞职，不是让她老人家在执政团体中骤然又少了一个得力助手吗？因此，话说出来时，他也应该知道朝廷是不会真这样干的。这只是以此威胁章惇的一种说法而已。

但一向认为司马光"钝"的章惇岂会这么容易被击倒？他说："韩缜、司马光、吕公著当然不至于会有私心……但是，这口子一开，万一日后有个奸臣做执政的，拿这个为先例，提拔自己的亲故做台谏，那就堵塞了皇帝的耳目渠道，这并非国家之福哇。纯仁、祖禹两人，还是请他们做其他官职，而台谏官的空缺，则请按惯例让两制以上官员举荐。"这一番话，说得滴水不漏。一方面肯定了三位同僚的人品，表示自己绝不是要攻击这三位宰执个人，但另一方面，又从国家利益的立场指出了这次差除的不妥当，同时又没有追问司马光、吕公著怎么可以私下里举荐官员，算是给他们留了面子。章惇不愧为王安石在熙丰变法初期一手提拔起来的干将，头脑清醒，敢言练达。

只是，不管章惇的机锋如何犀利，在无论是最高统治者还是整体政治氛围都倾向旧派的大环境下，他的这种战术上的胜利，仍无法改变旧派步步紧迫的现实。毕竟他既不敢，也无力与旧派撕破脸皮。因此，这次以"中旨"任命的五个人中，也只有范纯仁、范祖禹因亲嫌而最终改授他官，另外三人还是如旧派大臣所愿成为了台谏官员。而朱光庭后来也果然成为蔡确、韩缜、章惇、黄履等人被黜的重要推手。

而且，旧派大臣这次在章惇词锋面前的完败，无疑也使章惇成为旧法大臣更集中攻击的对象。

在太后帘前与新法大臣争辩落败后，旧法大臣回去后重整旗鼓，组织那些新任的台谏官对章惇发起新一波攻击。其理由是，以章惇作为枢密院长官，只有重大政务时才有权参与。台谏差除这种日常事务，本属三省权限范围，而章惇横插一手，就是越职言事，是怀有不敬之心，更是不忠的表现。

台谏官们对章惇在帘前"不敬"的渲染尚未起效，更劲爆的事情来了。

二月（1086 年）的某个双日。这本是个平常的垂帘日，史书上甚至都没有记录下这具体是哪个双日。那位后来被称为哲宗的赵煦在三月前刚过完他九周岁的生日，按宋人的统计方法，现在就是已经十一岁了。经过近一年的锻炼，他已经习惯了那套复杂的垂帘礼仪。

每五天一次的百官参见与问候仪式，也叫"大起居"，因为地点是在前朝，所以高后无法参与，只能由小皇帝赵煦在内职的引领下自己出临百官。这种朝会场合虽然也有"三省、枢密院奏事"这样的环节，但赵煦作为一个小皇帝，他哪能做什么决策，所以实际上只是做个样子。正常情况下，无论有没有朝会，皇帝每天都会分别在垂拱殿、崇政殿和延和殿召见各级官员，讨论朝政。这种由皇帝亲自主持的御前会议又被称为"视朝"，是皇帝真正处理政务的场合。但现在决策者不是皇帝，因此整个中央体制就因高氏垂帘这样的情况做了一些调整，由每日"视朝"改为逢双日在延和殿垂帘听政，由太皇太后高氏与赵煦共同出席。

我们只知道，这一天是双日，正好是又一个垂帘之日。但这天却有些不平常。首先是知枢密院章惇不知道为什么也跟着宰相们来到了帘前——最近他与三省官员一同出现的机会的确比以前多了。赵煦最能分辨章惇的声音。因为平日里在帘前，人人都敛容屏气，读奏章时又一本正经，只有章惇爱说俏皮话。他那些俗谚俚语张嘴就来，赵煦听了，只觉得十分有趣，只是他的同列却对此侧目。赵煦的侍读老师说了，这种行为叫作轻薄无行。

二府一起到帘前奏事本也不算太反常。但今天，平日说话带着点玩世不恭的章惇，语气却比平时庄重，语速也比平时慢。而且，他今天的奏章特别长，赵煦听得都快要睡着了。但其余平日老成持重的宰执们，反而显得急躁，不时打断章惇的话，声音也比平日高亢。这还不算什么，让赵煦震惊的是，他们说着说着，就激怒了章惇，章惇与他们居然就在竹帘之外，当着祖母和自己的面吵起来了。隔着半透的竹帘，赵煦甚至能看到章惇挥舞着手，声如洪钟地喊了一声，"异日难以奉陪吃剑！"他吓了一跳，下意识地偷瞄了一下左右的内侍，看到他们也一副失措的神色，而祖母则气得发抖。她隔着帘子说了一句什么，气氛顿时凝结。也许，大家都意识到自己在帘前失态了。

赵煦不太清楚他们在吵什么，但大概知道，他们反复提到了司马相公的一个奏章。这时，赵煦才猛然意识到，到这天为止，祖母非常信任的司马相公已经请病假二十几天了。司马相公本人虽然没有上朝，却在请病假的第二天就递上来了一通《乞罢免役钱依旧差役札子》。人病了，还不放心朝政，还希望尽快能废除熙丰新法中最重要的三大法之一——免役法，足见司马光的良苦用心。

这个札子影响非常深远，而且也很长。下文我们还会跟着司马光的朋友和政敌的思路重点分析，这里先概括一下它的主要内容。

这个劄子是关于熙丰三大法之一的雇役法的。

在前面我们已经大致了解了雇役到底是怎么回事。这回，在札子里，司马光请求朝廷直接颁布敕命，立即免去一切免役钱，遣散从中央到州县的各色代役人，然后按照新法以前的员额，在有一定财产的人户，也就是主户当中轮差农民应役。考虑到地方官员可能已经忘记了熙宁以前的轮差办法，所以还建议刑部把熙宁以前的法律条文找出来，重新雕印，颁下给诸州。当然，正如本书前面已经提到，其实很多农民是很怕服差役的，恢复差役法无异于让他们重新掉入水深火热之中。所以司马光这一次的建议里，其实也比之前的差役法稍做了调整，允许人们私下里雇人代役。熙宁以前，主户是要亲自去服役的，不可以出钱找人代役；在熙宁、元丰时期，主户则要年年交"役钱"，让官府帮你找人代替你服役，你想亲身服役也不行；而在司马光预想的役法里，你就有了一个选择：既可以亲身服役，也可以出钱找人代你服役。但前提是，如果你私人雇请的代役人犯了什么错，那就要由你来负责——该赔的，你赔；该罚的，罚你。相当于你成了这个代役人的担保人。这可以说是一个新的改革思路。

针对熙丰以前最重的"衙前"役，司马光又说，现在由政府派公职人员做了衙前役里面最难做的部分，所以已经没听到有衙前破产了，所以就可以恢复轮差，不用雇役了。如果这样还觉得被轮差做衙前的人难以独自承担责任，就还可以在那些每月获得十五贯以上租金，或是农田年产达到百石以上的官户、僧寺、道观、单丁、女户等主户那里，继续按财产征收助役钱，用这些助役钱来帮助衙前应役。所谓"官户、僧寺、道观、单丁、女户"，是指家里做官的人户、寺庙里的僧人、道观里的道人、家里只有一个男丁的人户、家里没男丁只能由女人做户主的人户。这些类别的人户，由于有特权，或是由于家里没有人力，所以在熙宁以前都是不用应差役的，但在熙丰雇役法之下，政府以让他们帮助应役人户服役的名义也向他们征收役钱，名为"助役钱"，金额比普通民户要低。因为役钱是按财产征收，单丁与女户如果没钱，一般就无须出用钱，所以据说这个措施事实上减少了官户与宗教人员的特权。而司马光这次所建议的役法，则部分保留了这种做法。

司马光还说，如果他的建议可行，那朝廷便可以按他所说的下诏，让开封府界、各路转运司誊写之后，传达到各个州县，要求各个县官分析他的建议有没有问题。如果没问题，就直接施行，如果有问题，那么限定收到诏书五日内将有何问题、为什么不可行等意见反映到州府；各州类聚各县的意见，在收到诏书一个月内，反映到转运司，转运司则在一季内上申朝廷。当各路转运司汇总的意见送达朝廷，执政官员们就仔细审阅研究，根据各地情况调整，谋划出适应当地情况的特殊法令，让当地施行。

这个劄子，后来也被称为"司马光役法"。司马光自己曾对人感叹过，说："四患未除，吾死不瞑目矣"。这"四患"之首就是指免役法。正因如此，越是得病，他就越担心自己没有机会去推翻它，以至于病休第一天就急不可耐地递上了札子。

与司马光的急切之情相对的，是朝廷上其他人对司马光此奏的诡异态度。一月二十一日上的劄子，在内廷一直留到二月三日才降出给政府讨论——高氏为什么让奏章留在宫中这么久呢？第二天，二月四日是垂帘日，宰相们本应就此问题到帘前与太皇太后讨论并形成决策，但左相蔡确即声称"这是大事，应当找上枢密院的官员们一起讨论"——也许他心里想，既然之前差除台谏官的时候，你们说只有大事才能三省与枢密院一起上奏是吧，那这就是大事了。于是把这件事又拖到二月五日，宰相们与章惇、安焘等枢密院长官在帘前开展"聚议"。

但凡有大事，蔡确必定拉上章惇。上一次这样做，还是在神宗弥留之际。当时蔡确要迫使王珪下决心去请神宗立嗣。现在，眼看着熙丰三大新法之一的役法将被推翻，蔡确要想力挽狂澜，只能又拉上章惇，希望这能言善辩的老友能继续上演元丰八年（1085）初的那一幕。然而，二月六日那天，三省加上枢密院在帘前讨论役法一事，一向快人快语的章惇居然很平静，只提出希望能把奏本的副本拿回去看一下再提意见。谁知本来应该护持免役法的韩缜居然在为旧法大臣们说话，反驳章惇说："这是司马光写的材料呢，哪敢拖延啊，明天就要一同进呈。"章惇居然表现得很好商量，立刻就此打住，不再争辩了。蔡确不禁紧张懊恼起来——这两个家伙葫芦里头到底卖什么药？蔡确自己也许是一个能干事的人，对上级——如神宗——交代的任务总是尽心尽力地完成，由此慢慢熬到了宰相之位。但他从来不是个临事就冲在前头的人。他深信木秀于林，风必摧之，这也是他喜欢拉上章惇的原因——有章惇冲在前面，他就可以躲在后面，旱涝保收。但这不表示他毫无倾向。从元丰元年（1078）进入朝廷，他就一直为推行新法劳碌，新法不但是神宗为之奋斗大半生的政治遗产，也是他蔡确的政治成就。他对天下舆论的看法恰恰与司马光相反。司马光认为，只要让百姓表达，那么天下之人一定非常痛恨免役法，一定特别盼望恢复差役。而他却认为，民心是倾向免役的，百姓的不满不在免役，而在征收的役钱过多，也就是"宽剩"过多，远远超过雇役所需要的资金。所以免役法只要少收一点宽剩，就会是新法之中最应该保留的良法，它不应该被废除。但今天章惇表现柔和，自己又没有把握在争论中能占上风。怎么办呢？

如果司马光役法被接受，那么接下来要做的工作，就是两府针对司马光役法的细节做一些改进与完善，然后把意见提供给负责起草诏书的知制诰，由他们润色，以皇帝的口吻拟出诏书，一步一步把它变成朝廷法令。

不，蔡确绝对不愿意在三省的意见中签上自己的名字。因为这名字一签，就表示他认同恢复差役。而他的意见就是反对差役，而不是为差役添砖加瓦。

他决心用自己的办法来表达自己的不同意。韩缜不是说，不能耽搁，今天就要出结果，明天就要送到帘前吗？好，那就咱们都不用加意见了，司马相公的意见就是最正确的，一个字都不用改，直接把司马光的奏议原文送上去好了。太皇太后对政令形成的流程不熟悉，司马光正在休假，吕公著刚当上副宰相，他们都不会留意到这个程序有任何不妥。一旦这样的诏令颁发下去，天下的人就会知道，这一切都是司马光自己的主张，我可没加意见。

于是，到了二月六日，两府就原封不动地把司马光的札子当作共同进呈的役法草案递到了太皇太后面前，在这个"诏令"里，连司马光的名字都没有删去，更别提什么中书舍人草拟、门下省审议、三省长官签名等程序了。太皇太后果然没有发觉内中问题。第二天，这通奏议就又被原原本本地作为诏令颁布出来。

朝廷内外，一片哗然。

能够出入朝堂的人，何等聪明？他们不但看出了司马光奏议中的诸多逻辑不通、不切实际之处，也看出了这个诏令是鲁莽行下。

当时，朝廷中新法"铁三角"之一的黄履已经被排挤出御史中丞之位，新任御史中丞、坚定的旧法大臣、司马光的追随者刘挚，首先就不认同"司马光役法"中所立的期限，认为五日之期太仓促；而且"以未行免役法之前的员额轮差"也不合理。因为在熙宁以前朝廷实行差役法的时期，州县是故意多轮差乡户，以便多几个勒索与使唤的对象，所以导致员额泛滥；到免役法推行后，州县为了节约经费，就已经自发地减少役人，现在已经削减到合理水平，刘挚认为没必要再增加回去。而他重点质疑的，就是这种明显有纰漏的政策，怎么就能成为一个正式的诏令呢？"诏敕内只有司马光的奏议，后面就缀着'依奏'两个字，根本看不到朝廷集体讨论后的意见。"他认为这就是问题的关键。这分明就是暗示，恢复差役的政策并没有取得宰执们的一致意见，这是想要引发朝廷内外的各种不同意见啊。

右司谏苏辙、右正言王觌也上奏指出司马光设计的役法中细节上更多的不妥之处，同时他们也对关于役法大事的诏令下达得如此儿戏表示极大愤慨。

大家慢慢意识到，蔡确是用这种方法，把司马光的不通政务暴露在众人面前，这对司马光的威望来说，是重大打击。就这样，台谏的言论开始越来越清晰地从针对役法条文的不妥之处提出修改意见，转向针对一个人，那就是首相蔡确。

于是，台谏官员针对蔡确发起总攻。

第三章

◎

更化却以"绍述"之名

一、"退三奸，进三贤"

其实从元丰八年（1085）末开始，朱光庭等台谏官员就已经开始不断呼吁"退三奸，进三贤"。所谓"三贤"，指司马光、范纯仁和韩维，台谏极力呼吁高氏将他们放在更重要的位置；"三奸"则指蔡确、章惇和韩缜，台谏官员们决心把他们铲除出朝廷。当然，被攻击的还有掌管御史台的黄履——他被称为"确党"。

但是，太后那边却一直没有动静。为什么呢？高氏与她所信任的执政官员如司马光、吕公著等，在对待新法大臣的态度上，与他们所举荐的台谏官员们似乎有一些微妙的不同。对于高氏来说，毕竟在她秉政之初，蔡确等几个大臣都是她重要的顾问。本书在前面也说过，她对新法的反对态度是没有她的婆婆曹氏那么明显的。与其说她更倾向于旧法，不如说她更信任某些旧法大臣。那她所信任的旧法大臣对蔡、章等人是什么态度呢？

与台谏官员们动辄称新法大臣为奸邪不同，司马光虽然不断上章批评新法，却极少将事情与蔡确等人的人品联系起来。吕公著虽然在与章惇、安焘等争辩时，也说过他两"大段不通商量"，但毕竟也是对事不对人。可能就是受到他们的影响，高氏对把新法重臣驱逐出朝廷一事，就比那些新进入朝廷的台谏官们持更慎重的态度。因此，若要推倒新法大臣，台谏官员们就得继续努力。

偏偏蔡确、韩缜这几位又不像王安石、司马光。即便是对王安石、司马光恨得牙痒痒的政敌们也无法从两人的私德方面挑出毛病来。但蔡确等人是有私心的。所谓无欲则刚，一旦有了私心，就有了弱点。

对于蔡确，此前的攻击主要针对三点：其一是虚饰自己策立哲宗的"定策"之功；其二是任神宗山陵使时显得不够恭敬，回来后又不主动辞职；其三是指责他建议三省合班奏事，怀有私心。

第一个问题主要是因为神宗弥留之际，他两个成年的弟弟还住在皇宫里，于是涉及一些关于高氏可能会想立神宗之弟的流言，这很是挑战高氏作为辅助幼君垂帘女主的神经，但毕竟是尚未坐实的流言。

第二个问题，主要是蔡确作为首相，在主持神宗丧事时，有些细节没处理好。如首相本要入宫为神宗守灵，但有一天他处理政事到很晚才入宫，而宋代一向宫禁甚严，当他到达皇宫外的时候，宫门已经关上，守门将士按规定不给他开门，于是他就赌气回家住了一晚。还有就是在护送神宗灵柩去下葬的时候，自己的马跑得太快，离神宗的灵柩太远，没表现出对神宗的依依不舍。本来，在这种敏感时刻，新法大臣的一举一动都容易被台谏拿到显微镜下看，这种事一出，蔡确自然就被轮番攻击，指责他这是对神宗的大不敬。还有，按宋朝的惯例，首相负责主持大行皇帝的丧葬事宜，丧事完毕后就应该辞职，以示避嫌，这样可以得到很体面的待遇离开相位。原本主持丧事的应该是首相王珪，但蔡确的运气实在不好，王珪在五月份去世，蔡确递补成为首相，于是正好接了这个差事。而主持丧事要离开京师，陪护灵柩前往永安县下葬，所以蔡确不但在新旧两派争夺最激烈的时刻被迫离开权力中心，还要在丧事办完之后就辞职。这就意味着，好不容易升任左相，却注定是个走过场的。这对于蔡确来说又如何甘心，因此，到十月份行神宗的下葬礼、十一月份神宗的神主祔庙仪式之后，他都没有辞职的动静，这就引发了旧法大臣一轮又一轮的抨击。

至于第三个问题，即三省合班奏事的问题，本来宋朝的宰相们是一起在中书办公，一起在皇帝面前禀奏各种事项的，但到元丰后期，神宗把奏事的程序改了一下，改为分班奏事，也就是中书省、门下省、尚书省各自禀奏。对于神宗这样一个已经牢牢掌握政局的有经验的皇帝来说，这样做可以让三省难以预先通气，让皇帝利用三省的话相互印证，还可以令三省相互掣肘，更有利于皇帝朝纲独断。但现在在垂帘体制下，分班奏事对于高氏则弊大于利。因为她倚重的司马光在门下班，奏事时和蔡确一起，而吕公著则在尚书省排名第三。他们俩分开奏事，分别被新法大臣包围，无法形成合力。刚好在这时候，黄履建议朝廷合班奏事。按刘挚弹劾蔡确时的说法，黄履此举是蔡确指使的。因为宰相之中，左相，也叫门下相，级别最高，但是右相，也称中书相，却掌握实权。中书相的实权主要体现在，他是与皇帝商量、拟定人事任免与国家日常事务的人，有经常性参与决策的权力。而蔡确升为门下相后，担心自己从此失去这样的权力，所以就"阴令御史中丞黄履上言"，请求朝廷允许三省合班取旨。但《续资治通鉴长编》的作者李焘却很明确地指出，其实提出三省合班的人并非只有黄履，还有吕公著。当然，之前偏向中立的王安礼在任左丞的时候也建议过。可见黄履的建议，很有可能只是之前王安礼等宰执出于提高决策效率而呼吁三省同进呈的延续。而且，黄履上书的时候，正是蔡确去做山陵使，远离朝廷的时候，如果说这是蔡确的意愿，那提出的时机也不对——蔡确自己都不在朝廷，如何推动此事达成？再者，三省合班，恰恰可以削弱新法大臣的"专断之权"，对旧法派有利，如果说是蔡确指使黄履如此做，动机也不充分。但无论如何，把黄履的建议臆想成是蔡确要专权的阴谋，却的确是一石二鸟之策，既攻击了蔡确，也触动了黄履。

不过，话说回来，虽然蔡确也许无意借三省共同取旨来争权，但这不表示蔡确就不恋权。事实上，正是由于蔡确、韩缜这两位新法宰相之间的勾心斗角，不但授人以柄，还严重影响了高氏对新法派的感观，最终成为旧法大臣得以把新法大臣彻底铲除出执政群体、铲除出台谏、铲除出全部中央要害部门的重要突破口。

首先，是蔡确等人自认为自己在拥立哲宗皇帝的事情上有功，这引起了韩缜的嫉恨，于是在蔡确任山陵使离开朝廷，剩下韩缜一个宰相在朝的时候，韩缜就多次在帘前向太皇太后数说蔡确冒功揽权的"奸状"。这事传得朝廷内外尽人皆知。到蔡确回朝后，举荐了几个随行大臣。这虽然有讨巧之嫌，却也是宋代官场上的常态，只是大家心照不宣而已。但韩缜又悄悄对高氏说，这三个人中，高遵惠是您的族人，张璪是中书侍郎张璪的弟弟，韩宗文是我的侄子。您细想想，他这样不按常规破格提拔官员，而这些官员与我们都沾亲带故，传出去岂不是为我们招骂名，说我们是各自偏袒自己的亲戚吗？这样一来，蔡确对他们的好意成为了要害他们的奸谋，在太皇太后心目中的形象迅速崩塌。雪上加霜的是，在二月六日三省同进呈司马光关于役法的奏章后，众人弹劾蔡确的罪状又多了一项：故意彰显司马光的错误，以动摇更化大计。蔡确的地位已岌岌可危。

韩缜对蔡确中伤的后果是非常深远的。从近期看，蔡确知道这件事后，加入了弹劾韩缜的大军。因为韩缜本身也不是无缝的蛋。自从当上了有权任免官员的中书相以来，就开始利用职权，大量吸引自己的亲友故旧入朝，甚至可以说是肆无忌惮。这给了蔡确和台谏们弹劾他的重要武器。而最深远的影响则是，韩缜所称蔡确在哲宗继立之事上的操作，包括与高氏外家人员联络，谋求让高氏的另外两个儿子继位，失败后才转而支持哲宗等，正中高氏敏感的神经，引起高氏对蔡确持续而深沉的厌恶。而蔡确的反击也让韩缜以权谋私的形象深入人心。于是，支持新法中两位权位最高的大臣就这样互相攻讦。其结果不但授人以柄，而且进一步败坏了新法大臣作为一个整体在太皇太后心目中的形象，进而加速了她结束犹豫期，以更坚定的态度支持司马光等人废除新法之举。

但是，朝中尚有一位敢说敢干的新法大臣，只要他还在，彻底推翻新法的政策就无法顺畅地推行下去，他就是章惇。

就在朝臣对司马光役法疏漏的认识逐渐明晰，而台谏也开始就恢复差役诏的颁布程序对蔡确集中火力的时候，章惇站了出来。

元祐元年（1086）二月底的那个双日早上，他施然上殿，从袖中取出奏章朗读。在奏章中，他先是摆出一个事不关己的"高姿态"，说明自己之所以没有在二月六日就反驳司马光的原因：其一，役法之事不属枢密院；其二，司马光从去年秋天开始就只与三省长官商量，司马光的奏议从宫中出来后，也只交给三省，我们枢密院根本就不知道。然后，他还反将了一军："我也不知道为什么三省要求与我们一起进呈呢。所以到议论的时候，我才第一次看到司马光的奏议。我当天已经说了，要两三天才能看完、提意见，但韩缜却说不能拖，第二天就要定下来啦，那我又没看清，怎么能给意见呢？第二天在帘前，我也已经解释了这一点了。但后来户部把诏令传达到我这里，我连夜反复研究，发现这奏议真是漏洞百出，所以只能上奏。"

这一番话，一是要针对此前台谏们反复炒作的，对他"一个枢密院官员却管起三省政务"的指控；二是显示自己并不太在意役法的改变，并不是利益相关方；三是说明自己为何二月六日在省同进呈的时候并没有异议，而是等到奏章作为诏令颁发下去后才提出质疑。

接着，他就抓住司马光的那通奏议，逐条地进行抽丝剥茧式的批驳。

相比司马光，章惇的奏议有两个特点。

其一，他作为朝廷里唯一一个从一开始就参与新法制度设计与实施的高级官员，长期的躬体力行，使他对新法实施的利弊有更深刻与务实的体会，因此，对于司马光建议里的不切实际的部分，他能一针见血地挑出来。如针对司马光说的"之前负担最沉重的衙前役，自从用公职人员承担那些重活、累活，衙前现在已经没有什么很重很难的责任了，恢复轮差不是问题"，他则指出，为什么熙丰时期能让公职人员承担那些活呢？正是因为他们能获得官府给他们的补贴，而这些补贴的钱从哪里来？正是从役钱中出的呀，现在恢复差役，停收役钱，从哪里出钱给公职人员去兼职代役呢？还有，针对司马光认为用役钱雇佣没有"恒产"，即没有田地等家产的人来代役，这些人一定会干违法的事，因为他们逃走后官府无法追责。章惇反驳道，其实在熙宁以前，州县中早就充斥这类没有恒产的人，他们暗中受私人雇请，冒名顶替去应役，只是朝廷不知道而已，可是那时并不见他们犯法逃亡。如此等等，提了近十条。可见章惇对基层官府运作的认识，显然更胜一筹。

其二，他的意见中肯、逻辑严密、可行性高、极有说服力。如他也肯定了司马光的奏议中所说的征收役钱导致民间铜钱不足等问题，承认新法颁行之初"由于当时所委托办事的使者们不能体会先帝爱民之志，只是贪功冒进，或是蝇营狗苟，只求快点完事，或是借征收免役钱而剥削百姓，于是导致虽然差役的弊害去除而雇役的新弊端却又出现。对于百姓来说，眼前就只见沉重的役钱负担而感受不到朝廷爱民的美意"。因此他认为"今日正是更张修完之时"，呼吁朝廷更仔细、更慎重地完善役法，不应如此仓促、如此一刀切。他建议，先向各路、州、县征求意见，然后朝廷选派公正强明、晓练政事的官员，分别以京东、京西两路作为试点修改役法。每路各派使职两员，管勾官四员，与当地官员一起调查摸底，搞清楚什么人宁愿亲自服役，什么人宁愿出钱，哪类人可以差役，哪类人可以雇役，半年内搞清两路的情况，然后根据当地情况编好役法文件，汇总成这两路的正式役法颁布施行，然后再以这些已经办成役法的官员，用以老带新的办法，这样再有半年，就能搞定四路，以此类推，一两年间就可以自下而上地制定符合各地需求的役法了。最后，他也道出了自己之所以这样建议的愿景，那就是让法律合乎人情，"上则成先帝之美志，下则兴无穷之大利"。

然而章惇关于役法制度需要修改以及该如何修改的思考，并不只是为了质疑司马光才临时表态的。此前他在另一个场合里就曾对同僚说："保甲、保马一日不罢，就有一日的害处，但如果说到役法，熙宁初以雇代差，推行得太仓促，所以才有今天的弊害，现在说要恢复差役，更应仔细研究，那还有可行之处，如果现在又要求五日内匆忙改为差役，那到时的弊害岂不是更甚于雇役吗？"可见，他其实并不是固守熙丰新法，而是以是否便民为旨归，这种态度，则比司马光急如星火地要求一切恢复差役要务实得多了。

本来，这样的建议理应受到旧法大臣们的接纳。因为旧法大臣中不少人的主张与章惇略同。如范纯仁认为，新法固然有不好的地方，但是也不能突然转向，只需去掉太过分的部分即可。他也曾建议司马光先在一两个州试行，略有成效再推广到一路，这与章惇建议的试点推行的想法是一致的。平章军国重事文彦博也建议过役法需要让州县官员与监司商议后再把意见上送给朝廷汇总施行，而不应该由朝廷一刀切地定夺。这些意见与章惇的意见明明都很契合。当发现司马光听不进任何建议时，一向与司马光关系很好的范纯仁甚至写信力劝他说："恢复差役之法，慢慢来，斟酌施行就不会扰民，不经细思熟虑而骤然推行就会扰民。现在您宁愿扰民也要让这明显有纰漏的法令出台，再委任那些尚未经精选过的官吏胡乱推行，那就不但扰民，而且可能会出现您预料不到的危害呀！"范纯仁此言已经比章惇在奏议中的话重了许多。但是，大家为什么可以接受范纯仁的重话，却对章惇颇为中肯的言论群起而攻之呢？原因可能是双方的。

首先是章惇在奏议里，表面是就事论事，但往往是由事及人，再由人及事。如他引出司马光在元祐元年（1086）二月初三的札子原文，说是差役的时候，财产比较多的上户虽然每次充役都要赔钱，但应役后却有几年可以休息，但到免役法推行后，他们却要年年出钱，这说明免役法是不利于上户的；但到同月十七日上奏时，司马光又说，免役钱是让下户困苦，让上户方便，一旦更改，上户一定会反对。一会儿说雇役对上户不利，一会儿又说它利于上户而对下户有害，说明司马光为了推翻雇役，根本没有做真正的调查研究，只是根据需要来说而已。但章惇却不点破这一点，反而故意说："按道理，司马光是忠直至诚的人，肯定不是这样的反复小人，肯定是研究政策时不够详实，率尔而言了。"率尔一词，用得特别巧妙。因为这个词既可以是个褒义词，这就是在赞扬司马光很率真，但也可以是个贬义词，讽刺司马光做事急遽而轻率。可见他的批驳是绵里藏针，表面上保持对司马光的极度尊崇，实际上却通过突显司马光的前后矛盾，句句都在讽刺司马光不通世务，为反对而反对的真实情况，同时由此推导出司马光所提的意见也有可能粗疏简陋。

那些与章惇一起在帘前奏事的大臣是何等人物，这种话里有话的说辞，他们岂能听不出？于是，为了维护司马光的权威，他们，就在帘前，当着太皇太后的面，与章惇争辩了起来。

历史的书写往往就是这么难以满足后人的好奇。只因为记录者的立场，使得所有的记录对于这一次争论只留下了章惇的片言只语，以示章惇之不敬，但对于旧派大臣是如何激怒章惇的，却只字未提。于是，我们就只能通过一些吉光片羽，拐弯抹角地去还原他们攻破章惇这个新法最后一个堡垒的历史性时刻。

从章惇所说的"我日后才不奉陪你们一同吃剑"的话看来，他的对手也许是说了一些让章惇认为会有长远而严重后患的话。而从章惇怒斥同为宰执的旧法大臣"没见识"来看，则章惇可能认为他们对差役、免役有着非常片面的认识。想象一下，章惇拿到帘前读的奏章是如此条理清晰、逻辑严密，而且对差役、雇役的态度中肯，而对这样一通奏章的讨论最后却演变成章惇急怒攻心，出言不逊，那么，这中间经过了什么？也许，我们可以通过旧法大臣们在此前后弹劾章惇的一些话来窥见端倪。

首先是指控章惇阻碍更化。如左正言朱光庭指责章惇"谓先朝之事不可遽更，四为辨说，沮抑圣意"。但章惇作为受神宗一手提拔的新法大臣，说先帝之政、先朝之事不可变更得太急促，这在以"三年不改于父之道"等儒家理念看来，无懈可击。

刚开始垂帘听政的时候，台谏官们还没能获得在帘前奏事的资格，只能通过上奏章与太皇太后沟通，而尚书左丞吕公著作为执政之一，应该参与了二月二十八日那次帘前争议。他对章惇这次驳议的评价是："虽然章惇札子里的话也有可取之处，却是出于不平之气才写的，专门为了争胜，不顾朝廷大体。"并认为役法本不是枢密院管的事项，所以他这是属于越职言事。但由于当初章惇是被首相蔡确邀请参与讨论的，所以并不能算是擅自越权。

因此以上指控的弹劾杀伤力都不够。

还有一种对章惇的攻击是以"君子""小人"为说。右正言王觌说："司马光对事情的见解也许有所短，但不失为君子；章惇的看法往往能有所长，但难道可以因此说他不是小人？"他还说："我没看过章惇对役法的建议，但想来可行性一定挺强的，那就不妨按他说的做。只是章惇本人以欺骗蒙蔽为术是出了名的，就算是一通关于役法的奏章，也可看出他是处心积虑，就是为了扳倒司马光，根本不顾有伤国体，也不顾自己的话会伤害陛下。希望陛下能把他明令贬黜，以警戒不忠之人。"细品他里面的逻辑，就是：章惇的建议往往有道理，不过他的人很坏；虽然我没看过的他的奏章，但可以肯定都是为了骗人、为了扳倒政敌而发出来的，所以我们可以听从他的建议，但是却要贬黜他这个人。

苏辙也写过一个类似的奏章。他说："我听说，针对大官与小官，朝廷的升降任免原则不同。小官的话，没犯错就继续任用他，犯错就贬谪他。但大官却不然。大官虽然还未犯显著的错误，只要他立心不善，也马上要贬逐。为什么？因为大官的影响更大。”可见只要立心不善的帽子套上，无须犯错都可以被驱逐出朝廷。

一群台谏官，一方面无法否认章惇“辨慧果敢”，具有“应务之才”，另一方面又说这正是“小人之才也”，所以肯定会干不忠之事，但同时又举不出章惇图谋不轨的证据。试想想，如果他们拿这种说话方式，在朝堂之上，当着太皇太后的面，对着章惇施展出来，而章惇作为一个辩论高手，一向是习惯于抓住对手的逻辑漏洞痛打的，但是现在却遇到了这么一批胡搅蛮缠的对手，所有的逻辑都失去了作用，因此以他火爆的脾气又怎能忍得住呢？章惇平时就口无遮拦，失去理智的章惇说出来的话据说粗俗得令太皇太后怫然不悦。这样一来，苦于找不到理由弹劾章惇的群臣立刻就来了精神。那天之后，弹劾章惇的奏章就开始连篇累牍。他们知道太皇太后对章惇的无礼特别介怀，于是故意反复提及此事，说他“素来轻易多言”，“动不动就讲出俚语，比市井小人还要粗鄙”，或是说他勾结神宗时得宠的宦官宋用臣；还说他肆无忌惮地阻遏抑制现在的“圣政”，庙堂之上，语言轻慢，对同列“以恶言相加”，对主上则“悖戾不道”“侮慢不恭”，“亏丧臣道，凌弱主威”，毫无体统；甚至还引用了一些流言，说当初在争论垂帘礼仪时章惇还曾轻蔑地说，“那就随便给她一些礼数”等对太后不敬的话。在这当中，御史中丞刘挚的说辞最有代表性。

刘挚说，我们作为御史，看到无礼的人，就要像苍鹰追逐鸟雀一样针对他们。章惇的罪名有几个。一是他看到陛下恢复祖宗旧制，心怀不满，所以面对至尊时竟出言无状，霸凌同列，难听的话已经传播到朝廷内外。

二是竟敢对陛下改免役为差役的决定提出异议。第三是章惇既然知道司马光所建议的役法有不足之处，却故意不在它尚未形成法律的时候提出，反而是在三省同进呈、取旨颁行之后才提出质疑，这样做的目的是什么呢？是因为章惇宁愿负朝廷而不愿负王安石啊！章惇是蔡确的死党，而且比蔡确凶悍，一定要把他除掉啊！

刘挚说的三点中，前两点上文已经分析过，杀伤力不大，而最后一点最为诛心。这不但把章惇的行为往皇帝最忌讳的"朋党"上面靠，并且还一石二鸟地扯上了王安石。王安石此时在江宁已经病重，他的家人担心他知道朝廷之变会情绪波动，因此关于更化的一切都对他瞒着呢，但即便如此，他还是"躺着中枪"了。刘挚怕如此还摁不死章惇，又加上了一个不知道从哪里来的"传闻"，说章惇曾对人说，"只要朝廷不贬我，我就坚决不自动辞职"，以示他对权位的恋栈。

这些话无论真假，都成功挑动了太皇太后敏感的神经。想想看：对太皇太后和皇帝不敬、朋党、恋权、勾结宦官，哪样不是大罪呢？从各种迹象看来，"对太皇太后不敬"，是压垮章惇的最后一根稻草，而那批骤然获得升迁，新近进入台谏体系的官员在制造此种言论方面无疑起了最大作用。

从元祐元年（1086）闰二月开始，台谏官员就获得了每次两人共同觐见太皇太后的资格。其时司马光虽已被拜为左相，但从元祐元年（1086）元月到五月间，却一直卧病在家无法上朝。他仍然以文书传递、宰执轮流到他家议事等方法保持着对朝局的掌控，但是这毕竟与面见太皇太后商议国事有很大区别。于是，这些新获得帝前奏事资格的台谏官就俨然成为太皇太后新的政策顾问，甚至是为政之师。而台谏中的核心人物，同时也是反对新法最激烈的官员如刘挚、王岩叟等，逐渐成为高氏最新的倚重对象。正是在台谏官员们的运作下，先是借助韩缜的谗言而使太皇太后嫌恶蔡确；再利用帘前的争论来挑拨，使她憎恶章惇；再由于韩缜的以权谋私而坐实了他们说新党是借新法谋利的指控——她对新法的看法也越来越负面了。随着蔡确、章惇、韩缜、张璪等宰执接连被扳倒，到元祐元年（1086）下半年，执政团队几乎全部换上了旧法大臣，新旧两派在朝中的力量对比彻底反转。要不是刘挚等人建议留着安焘和李清臣两个一向唯唯诺诺的熙丰旧臣充个场面，以免被诟病说新皇帝刚上台就把顾命大臣全换掉，那么整个元祐初的朝廷里，就会只剩下清一色的旧法大臣了。

然而，正当高氏不再犹豫，开始全力坚持司马光恢复旧法的当口，司马光对某些旧法的态度却产生了微妙的改变。

二、庙堂之侧与江湖之远

就在章惇因争辩役法被罢的同时，王安石也在密切地关切着朝堂之上的政治动向，关心着他与神宗耗费了一生心力去设计、推行的新法命运。据载，当他听到其他新法逐一被废除的时候，还是平静镇定不以为忤，但当元祐元年（1086）二月，变更雇役为差役的诏令下达到地方，他获悉后愕然失声，说："连这个也要罢了吗？"怔忡良久后，这位已经进入迟暮之年的斗士，眼中突然露出了当年的锋芒，他眼神笃定，似乎在自言自语，又似乎在劝慰前来报信的人："此法终不可能被罢去。这是我与先帝切磋琢磨了整整两年，在地方试验又修改后才推行全国的，其中的法令条目无不周到严密。"

到最后，有考进士的举子从京师回江宁，王安石向他打听京中新闻，他告诉王安石说，现在科举考试已经不让看《字说》了。

这本是神宗与王安石进行的科举改革的一部分。按变法君臣的想法，颁布的《新经》《字说》等"标准教材"，是为了统一思想，以利于新法的推行；而按旧法大臣的说法，那就是"王氏的文章，未必不好，但问题在于喜欢让别人和他唱同一个调子"，压制了其他思想。元祐间推翻新法，有人建议反过来禁止学习熙宁间颁布的这些教材。其目的当然是要把新法的思想基础釜底抽薪。但这又何尝不是从另一个方向对学子思想的压制？不过，当时朝廷的改革方向尚在争议中，法令条文只是重新增入了诗赋考试，减少了经义考试的分量，而且禁的只是《字说》与释典，王安石解释经义的《三经新义》则仍然与其他版本对儒家经典的解释并行。但在实际执行中，太学副校长——国子司业黄隐却直接下令焚毁《三经新义》的书版，而且只要学生在作文中用到《新义》的观点，就会引发黄隐的批判。这引发学习了十多年荆公新学的士子们的不满，并最终把这些消息传到了王安石的耳中。王安石听到这些自然是十分激动。他说："法度可改，但这文章也不能作了吗？"当晚他就无法入睡，绕床行至天明，在屏风上写了几百个"司马光"，足见其胸中不平之气。

一生推行的新法，眼看着完全被推翻，曾经对最高权力有极大影响的帝师级人物，此时此刻却远在江南，对朝政无能为力。王安石从失望到绝望，最后在无奈之中，油尽灯枯。在人生的最后时刻，他还时时梦见夏桀入梦与他争论治道。民间相传，王安石去世前，有很多的灵异之事。灵异不可信，但灵异之事为什么会制造与传扬开来？这似乎说明了某些民心所向。

当王安石在江宁病中挣扎着折花数枝，并写下绝笔诗的同时，虽处于庙堂之上，但尚在病假中的司马光也感觉到了生命将逝的急迫。他誓要在生命结束前，看到雇役法在自己手中被废除。在二月六日朝廷按他的意愿颁布了恢复差役诏、二月二十八日章惇上章批驳，导致一众执政在帘前的那次争议风波后，敬仰与认同司马光的旧法大臣们，在为差役法辩护的同时，也指出司马光役法中尚存在的问题。经刘挚与吕公著的建议，朝廷不再坚持让县邑五日内把意见上申朝廷，而是设立了一个名叫"详定役法所"的专门机构，专门负责汇总各地关于役法的意见。

这一做法引起了司马光的不满。他连上两通奏章说，当时陛下采纳微臣的意见，全部罢征免役钱，恢复差役法，诏令降下那天，朝廷内外人人欢呼，听说在路上还有农民相互庆贺，说："今后这回快活也！"但现在敕令颁下州县已经将近半个月了，大约有一半州县都点差完了，朝廷却又颁法令，说要下面提意见，还成立详定所来汇聚基层意见，那不是在暗示二月六日恢复差役的敕令很有可能会更改吗？这会导致州县官员观望彷徨，无所适从，百姓失望。雇役法已经推行近二十年，现在恢复差役，州县肯定会稍稍烦扰，那些因为推行新法而获得升迁的官员，就会借这个机会制造舆论，对着上级争相上书说免役钱不可罢；对下就骗百姓说旧法还在，仍要收免役钱。这是把百姓救出热锅烈火给他们清凉泉水后，又把他们扔回热锅烈火中去呀。

　　仔细品哂司马光的这通奏章，就会发现其中有一些表述颇耐人寻味。他在奏章里的某些部分说官员百姓都欢迎回归差役，但这是他对恢复差役后州县情形的真实预期吗？似乎又不是。因为在奏章的另一些表述里，他又分明预计到回归差役会有"烦扰"，还会有某些官员上书反对废除雇役，或是暗中仍执行雇役。

　　其他主张推翻雇役的官员们在逻辑上也有类似的问题。如苏辙在一通奏章里说，预计差役恢复后，民间会"鼓舞相庆，如饥得食，如旱得雨"，但在同一通奏章里紧接着又说，朝廷行雇役已经二十年，"官私久已习惯"，所以要防止一些主事的臣僚利用民间的"小有不便"，作为雇役不能废除的例证，"眩惑圣聪，败乱仁政"。可见他真正的预计里，民间对于恢复差役至少是会感到"小有不便"的。此外，苏辙在另一通弹劾章惇的奏章里还说，章惇故意使司马光所建议的役法直接作为法令颁布下去，那就是"想使被轮差的人感到不便，到时人人都与司马光为敌"。既然百姓对差役"鼓舞相庆"，那又为何要担心推行差役后会出现"人人都与司马光为敌"的现象呢？

　　王岩叟在力主朝廷恢复差役的奏章中说："司马光上章请求恢复差役法，这差役法并非司马光所造之法，而是祖宗百多年施行，大家都感到便利的好法，祖宗的时候，人情熙熙，天下安治，都只因为施行了差役法。后来是因为王安石惑误朝廷，硬要施行雇役法，才导致今天这么混乱。祖宗之法，就这个最好了。"这就更加明显是歪曲史实了。因为在神宗的祖父仁宗时，差役尤其是差役中的衙前一役已经令不少主户破产，当时名贤包括韩琦、范仲淹等人都试图改革以救弊，无奈小修小补无济于事。到神宗登基后，正是发现差役对地方官府与基层社会的破坏已经达到无以复加的地步，甚至开始动摇了宋朝的统治根基，才开始着手役法改革。甚至英宗在位的时候，司马光还曾上章反映差役使农村里稍有产业的人"常充重役，如果不是家计沦落破产，就永无休息之期"，中等人家则如果不被困至成了盗贼，无法停止差役的痛苦，以致"民益困乏，不敢营生"。如果差役真那么完美，司马光当时又怎么会上章极论役法之弊呢？

御史中丞刘挚的一番话也许能提供理解旧法大臣逻辑的另一个角度。他曾说："古代圣君任用大臣，必用有德的人，不用有才的人。提拔有德的人，则能行忠厚之政，使天下安定；提拔有才的人，则专门行剥削刻薄之政，足以祸乱天下。"刘挚的这一说法表明旧法大臣与新法君臣们在用人上的截然不同。正是由于旧法大臣们把"德"与"才"对立起来，明知新法大臣有才、说的话有道理也不用，故而导致了国家大政方针的选择失去了理智的动机，变成了选边站队，甚至是只为反对新法大臣而反对新法全部，以至于最后错失了完善、修正新法的机会。这种因人废事的做法开了一个恶例，后来当新法派重新秉政，尤其是到了徽宗崇宁期间，也陷入了只问新旧，不理是否有益于国家前途的境地。此是后话。

从上述旧法大臣的话来看，他们所说的官民对恢复差役旧法欢欣鼓舞的预计是底气不足的。正如他们所不敢承认的，部分新法的确有利于基层，当旧法回归，州县其实遭受了极大的损失。

首先，宋代官府的官员与吏人的员额总是不足的，在雇役法推行以前，州县往往通过差役，点差乡间主户进入州县衙门帮忙做事。这些应役人本来都是农民，叫他们进入州县，负责文书、会计、迎送、押运、养马、出纳、经营官府的专卖产品，不难想象他们会有多为难，会犯多少错，会被官吏敲诈勒索多少财物了。更何况，在完成职役的过程中，无论是办公经费、差旅费还是生活费，都要自理。如果经营官府的专卖品时亏损了，或是押运官府物资时出现丢失、被抢、被水泡之类的损失也要用自己的家产来赔。所以虽然明面上宋代的两税等负担不太重，但百姓的职役支出却是无法估量的。因此百姓才对差役尤其是涉及财产的役种深恶痛绝。

对于官府来说，他们喜欢以这种通过轮差的方式来维持行政运转吗？当然不是。州县最主要的任务有两方面，一是财政，二是行政，且每年都要考核、排名的。行政上靠这样一批被他们斥为"朴蠢""愚戆""不能干事"的非专业乡差役人来完成上司交下来的任务，能否完成则是要看运气了。而且，好不容易教会他们能干一点点日常工作，他们的役期就满了，又要换人了。这工作还怎么做？这考核如何完成？因此，熙宁初官员们纷纷上章朝廷要求变革役法的动机，不但是他们口中说的为百姓着想，实际也是在为他们自己着想。然后，开始雇役，开始征收役钱。这役钱实际上就是之前转嫁到老百姓头上的隐性财政收支，现在是以役钱的形式明收明支而已。但无论如何，州县总算有了一笔名正言顺是由他们征收、由他们使用的地方经费，这对于缓解州县的财政困境而言是非常重要的一笔收入；

而用役钱雇佣进入州县的也是一批固定的代役人。

随着经验的积累，这批代役人其实已经逐渐专业化，成为州县运转不可或缺的一部分。然而，现在朝廷一旦恢复差役，不但役钱的来源马上就无从说起，而且州县里又要重新充斥着"不能干事"的乡差吏人，州县官吏们自然是不愿意的。

第二，元祐大臣深诟熙丰雇役、主张恢复差役的立论支点，是说对役钱的征收使得民间钱财大量进入官府，"官司之积，动计巨万，私室之有，十已九空"，也就是说，官府以雇役为名，实际上在搜刮民财。但是，面对州县里积累的历年所收役钱，司马光既没有提议把它们用于雇役，以减轻民间的役钱负担，也没有说过要把它们还给百姓，而是以救弊之名，首倡把这些州县多年的积累，全部收归中央。但旧法大臣所不知道的是：熙宁以前，州县之所以可以运营下去，民众之所以害怕差役，那是因为州县把大量的运营成本通过差役转嫁给应役的百姓。到了熙宁时期，有了役钱的帮助，州县已经开始把很多本由应役百姓支付的费用改为由州县自出。但现在元祐朝廷一方面恢复差役，另一方面又禁止官府勒索轮差的役人，规定州县不得再把运营经费转嫁给百姓以标榜其仁政，同时还把本来属于州县财政的役钱"桩管"（即作为朝廷财物），不允许州县使用。那么州县就失去了动用积存役钱暂时解决财政困难的机会，进而马上陷入财政困境。

很快，州县的这种窘境就传导到百姓身上。苏辙说：熙宁以前，散从、弓手、手力之类的役种，应役的人非常痛苦。因为他们经常要押送人犯、传递公文，更要经常负责官员及其家属的接送工作，有时要出差四五千里，而这些出差的费用加上官员在路上的费用，全部是由这些应役人支出的，因此"极为疲弊"。自新法以来，官吏有公务出差的情况，都能领到雇钱来支付给接送的役人。"役人既以为便，官吏亦不阙事。"但现在没了雇钱，应役百姓又重新要承受沉重的负担了。

差役法下最沉重的衙前役，同样遇到类似问题。最终详定役法所决定先用积存的宽剩钱暂时解困。

纲运、官员迎送等问题暂时缓解，而原先由役钱解决的边防费用又遇到问题，广西转运司上章申请支用宽剩钱解决经费，朝廷才知道原来边远地区对役钱的依赖性如此之强。

广西一路并非孤例。到元祐元年（1086）五月，详定役法所总结诸路、州、县原本以役钱支撑的款项，其中包括帮弓手修造营房的钱，邮驿中递马及雇请人夫的钱，官府中以前由役人负担后来由转运司分担的部分基建费用，各州的书算造账专业人员的雇钱，巡检司、马递铺、州县中做秘书工作的人的纸笔等办公经费，全部由役钱支出。停收役钱后，这些支出全部没有了着落，朝廷这才知道以往以为与职役无关的政府职能，原来也在依赖役钱支撑。这正应了章惇之前所指出的，司马光"现在只说恢复旧日的差役法，以为只用当时的法令就可以直接施行，殊不知看起来只是差役一件事，实际却是牵涉众多政府部门，上下左右各个法律体系，动辄与之相关，怎么可以仅仅用差役一个系统就解决所有事情！"可见与亲手推动过整个新法体系的大臣相比，旧法大臣在行政经验上确实是差得比较远。

第三，雇役法已经实行了近二十年，州县里的税收底册早就不再用以前的五等户簿来登记民户的信息。熙丰雇役法在推行的时候，给了州县非常大的自由裁量权，很多州县根据本地情况，或把户等拆成十五、二十五甚至七十五等来征收役钱，以保证公平；也有按民户拥有的田产数量，直接按亩征收；还有根据民户的另一种名为"产钱"的税额来计征的。无论哪种征收方法，以前用来点差民户的五等簿大部分已经弃用。现在马上要恢复差役，一时间，州县要重统计财产、造簿轮差，混乱局面可想而知。李常形容现在的州县：官吏借着重新统计财产造簿之机，公然索取贿赂，导致那些富户多的地方，仅有很短的休役期，而那些富户少的地方，民户就只能长年在官府，根本无法回家搞自己的营生了。

正如上文所说，实际上旧法大臣们也知道地方官府与百姓不一定认同他们的观点，也十分清楚取消役钱的征收、解散代役人之举对地方财政与行政的冲击。但是，更化是为了证明他们政策的正确，为了证明这一点，他们采取了一些措施。

本来，司马光役法中规定州县可"根据本地情况上送意见给朝廷"，御史中丞刘挚也是基于"各路过一阵子一定会有很多建议"的预计而建议设立详定役法所的。但是，朝廷面对监司、州县与民众的上书时，又是什么态度呢？

据那个新成立的负责汇总各地役法意见的详定役法所报称，对于司马光役法，"州、县亦多言其不均"，其中有一位成都府路转运判官蔡朦，认为"变免役法为差役，民弗以为便"，于是上书针对轮差乡户衙前、"单丁、女户"出助役钱等方面提出自己的主张。他是转运判官，按朝廷要求，汇总地方意见本来就是他的本职工作。然而，他上奏的结果就是，被详定役法所官员认为是"内怀观望""以成邪说"，因此"乞朝廷特行显黜"。朝廷于是把蔡朦移知广济军，并将此事"札下诸路"，相当于是通报批评。

此外，还有一位被苏轼称为"边远小臣"的张行，也不止一次上书恳求朝廷恢复雇役。他算了一笔账，认为在差役的情况下，下等户一年的花费有的相当于几年要缴纳的役钱，有的甚至相当于几十年的役钱，而且越是贫苦的农民，受害就越深。这就与司马光所说的，"役钱只对上等人户有利"不同，且与司马光役法所标榜的差役能使中下等农民得解脱的说辞完全相反。结果张行受到了谏官韩川的极力诋毁，甚至要求朝廷对他"重行编窜"，也就是重重地责罚他，把他贬到边远州军去编管起来。最后朝廷下诏，让监司对他进行"戒厉"，也就是斥责批评，然后还要上报申饬效果。结果张行只好闭嘴了。

当然，朝廷里也不全是一味附和司马光的大臣。毕竟熙丰新法实施了这么多年，大量臣僚不管愿意还是不愿意，只要他们在地方做官，就只能参与到新法的推行中去。然而也正是在推行新法的实践中，他们逐渐理解了新法的内涵，看到了新法的合理性，同时也把自己的才智投入到新法的地方化调适中。如一般被认为同情旧法的冯山，在他从京师到梓州任通判的时候，就看到所途经的京西、陕西、利州、成都到梓州五路官员，上自监司，下至州县，都为了新法而忙碌奔走，经常聚集议论，设计适合本地实情的细则，"惟恐后至，以慢陛下之诏令，以违司农之期会"。最后，他对自己有份参与的役法实施细节的评价是："梓州只按户等征收役钱，上等之家每年所出不过十三贯，那所收的役钱已经非常少，而所免的职役却很多，就算不能说完全平均，但对于民户来说也已经很宽松、简便了"，自豪之情溢于言表。还有熙宁初极力反对雇役的苏轼，也是由于自己在密州任知州时，发明了一种让大家集中"认领"役钱的办法，并且实施效果很好，于是开始认同雇役之法。类似的例子还有不少。这些曾任职地方，亲身实施过新法的人，虽然总体上倾向于旧法，也不喜欢借新法的推行而加大搜刮百姓财赋的力度，但他们同时也在实践中产生了对某些新法的认同感。当这批人因为与旧法大臣友善而被调入朝廷之后，就会发出与台谏及司马光等人不同的声音。如在前一章中提过的范纯仁，就认为恢复旧法不但要慢慢来，而且新法也不必全部切掉，只要把剥削太重的部分去除就行。只是，在元祐初，这些认同雇役或是保甲的声音却一再被台谏所压制。如永兴军路提刑冯如晦提议部分恢复征收役钱时，时任户部侍郎的苏辙、户部尚书李常、尚书右丞胡宗愈等中央官员都表达了支持之意，于是他们都遭到言官的弹劾。

司马光在主政以前，屡屡上言抨击新法君臣阻塞言路，不让百姓表达意见，一意孤行地推行新法，但当以他为首的旧法大臣上台掌政，上起中央高官，下至州县官员，只要提出雇役的好处，就会受到惩罚，这和他所抨击的新法君臣的做法有何区别呢？朝廷政策的导向很快被监司州县接收到，再也没有州县愿意对司马光役法的不足之处提意见了。

至于被朝廷要求去征集州县意见的各路转运司，他们也既不再下乡"体访"，也不巡历州县问政，反而派人到开封去，到详定役法所蹲点打听朝廷意旨。

到元祐二年（1087）六月，朝廷又诏令州县讨论差役问题，让州县提意见，然而等了几个月，一个提意见的都没有。右司谏贾易将之归咎于地方官府害怕如实反映民情会被申斥，所以州县听到民怨而不告诉监司，或者州县汇报给监司了监司却不上报朝廷。他的推测是对的。到元祐三年（1088）二月，中书舍人曾肇出使契丹回朝的时候，就有一堆百姓拦住他的车马，向他反映差役不便之事，并说，他们已经多次反映情况，但每次都被官府退还，听说有官员出使契丹要路过这里，才跑来上书的。苏辙在出使时也遇到过类似的情形。可见各地对民情的压制情况很严重。

然而，州县不向朝廷反映情况，是否就表明他们会按朝廷的要求全面恢复熙宁以前的差役呢？有些州县的确是这样做的，但效果让人哭笑不得。如刘挚就曾反映，恢复条令一下，已经有些监司"迎合争先"，结果却是"不校利害，一概定差，一路为之骚动"。《长编》中也记载，后来借"绍述"新法之名行揽权谋私之实的蔡京，当时任知开封府。他在差役恢复之初就十分积极，直接用司马光所说的"五日限"，要求属下的开封、祥符两个县按熙宁以前的役人数目轮差。史称司马光听到蔡京这么迅疾的行动，还欢喜道："如果人人都像待制你这样，又怎么怕差役法不行呢！"待制是当时蔡京的职名。但右司谏苏辙却因此弹劾蔡京，说他明知道熙宁以前的役人数目是官府故意虚增以谋利的，现在故意几天内就点差完毕，分明是想通过"故意扰民，以坏成法"。虽然现在已经不知道蔡京这样做的目的是见风使舵还是故意破坏，但至少从东京的执行效果来看，一定是出现了一些"扰民"的后果，才引起苏辙的警觉。因此可见完全按司马光的要求来恢复差役，效果显然不好。

按常理推测，大部分州县都应该是倾向雇役的。除了那些一味迎合朝廷差役新政的州县外，其他州县在面对朝廷的差役政策时又是如何做的呢？

从史书上的记载来看，他们的做法就是典型的"上有政策，下有对策"，有借着向朝廷"哭穷"来暗示停止征收役钱后导致州县财政危机的，有偷偷继续征收役钱来雇佣代役人的，有借机疯狂勒索乡差役人的。即使是按规定停止征收役钱、停止以官府名义雇佣代役人的地方，为了保证行政效率，也千方百计逼迫那些被点差入役的乡户，自己私人雇请之前已经在州县效劳多年的代役人来代役。

正在那些处于江湖之远的地方官府各出其谋，力图渡过恢复差役给他们带来的冲击的时候，处于朝堂之上的司马光也显示出他比那些新进台谏官更灵活的身段与更强的学习能力。

元祐元年（1086）六月，他已经结束病假，能勉强上朝奏事了，这时他又就役法问题呈上了一通新的奏章。在这通后来被称为《申明役法札子》的奏章里，司马光提出了几点新的意见。

有意思的是，虽然司马光在十数年间一直是熙丰役法的坚决反对者，但是从实际执掌朝廷大政开始，司马光对熙宁役法的态度却经历过两次微调。

从元丰八年（1085）时他认为要完全罢征役钱，到元祐元年（1086）

初提出要向官户、僧寺、道观、单丁、女户中田产每年能收百石的乡村户，或每月能收到房租十五贯以上的城镇居民征收助役钱，这是其中一个变化。司马光希望通过保留这个熙丰时期新创的名目，以不需要应役人户的钱来帮助需要应役而有困难的人户。不过，按章惇的驳议，这些田产年收获百石的农村居民，或是每月有十五贯房租收入的城镇居民，实际上也不富裕，按熙丰时期的规定，也是免征免役钱的。所以到元祐元年（1086）六月，司马光就把征收对象改为上述人户中户等在三等以上。这就是从收入的绝对值计征改为与当地人户比较后，征收那些相对富裕的人群。

此外，元丰八年（1085）时，司马光曾说要一律解散州县中正在服务的代役人，但到元祐元年（1086）时，他对代役人的态度也已经有所改变，建议允许被轮差的役人私下雇人代役，这是考虑到有些农民的确不擅长应役，如果亲身应役的话，不但废失农时，而且容易受到官吏勒索。只是，为免他们雇佣的代役人卷走官府财物，他也加了一个保险条款，就是如果要请人代你应役，那么你就要做这个代役人的担保人，如果官府有什么财产损失，由你来赔偿。这实际上是把官物损失的风险通过担保的方式转嫁给乡役人。这个允许私人代役的条款其实反映了司马光在执政前后的思想变化。因为他在执政前曾经多次指责代役人"使之主守官物，则必侵盗；使之干集公事，则必为奸"，所以才呼吁让差役人全面代替雇役人。但到执政后，他也是看到了代役人在业务上的优势，他甚至想过让这些官雇代役人通过"以老带新"的方法，培训元祐时新入职的乡差役人。这种想法主要针对那些需要更专业技能的州县曹司之役，也就是在州县里负责会计、文书、法律工作的人。他的设想是，因为新差之人多不谙熟书算，也不懂公文格式与传递程序，所以建议州县里暂时留下熙丰时期所雇之人，再给他们半年的雇钱，让新差的人跟着他们见习、实习，半年之后，再交割公事，让新差的人完全代替旧人。但要实行这个建议还有一个问题：由于轮差的役人执役一次多为两年，如果真如司马光建议那样安排，每个乡差役人应役时要经过半年的培训，旧人培训新人的那半年要发给旧雇员雇直，由此循环往复。可以想象，这种制度安排下的差役法将会如何影响办公效率、增加州县财政支出，且在人员流动性这么大的情况下，州县的各类簿记就更加无法清晰。

不过，司马光的建议相当于承认了熙丰时期州县代役人的价值，而他所建议的允许私雇代役的办法也给州县保留这些旧有代役人留了一个口子。因此各地才会迫着那些被轮差的役人雇佣官府所熟悉的代役人来代役，导致刘挚、王岩叟等台谏的多次抨击，认为它不符合"嘉祐旧制"。

但在元祐元年（1086）六月的这通代表着司马光对役法最终意见的《申明役法札子》里，司马光还是坚持保留这个不那么符合"旧制"的私雇代役条款，还试图进一步完善它，规定"私雇代役薪水不能超过熙丰官雇时的薪水，官府不得指定代役人，往日官雇代役人如有家产可自愿留任，继续雇佣官雇代役人带教乡差役人，半年内可领薪水"。这其实就是变相承认了代役人的作用，也为代役人留在州县留了更宽的口子。这与执政前司马光对代役人的态度相比，已经有了很大不同，和当时台谏官员甚至是详定役法所里较保守的官员们的态度相比，也有了明显的差别。此外，对于自愿充徭前重役的人，此前司马光役法里是没有具体奖励内容的，但在《申明役法札子》里则有了比较具体的规定，对州县上申意见的期限与途径，也根据章惇的意见进行了修改，虽然他在奏章里并没有提及章惇。

三、又一次转瞬即逝的"和解"

从司马光有生之年最后一个关于役法的奏章可见，随着执政时间的增长，他也慢慢意识到政治理想与现实之间的距离。

仅从役法来看，对下他要面对早已习惯雇役的州县，在朝中他又要面对比他更激进的台谏官员。尽管太皇太后仍然对他信任有加，但是，他的意见也只能是朝廷里繁杂主张中的一种，即使自己的想法最终成为朝廷政令颁行，在推行的时候也不但要受同侪的掣肘，而且必将经过州县的扭曲。固执如他，所能做的，也只有调适与妥协而已。

王安石在第二次做相时曾慨叹，皇帝"如果只听从我五分也是好的"。也许司马光在他执政的晚期，也慢慢能体会到这句话中的无奈了吧。直至司马光去世前夕，他认为当前最急迫需要废止的新法，无论是雇役、将兵还是保甲，没有一个能够真如他最初所期盼的那样能彻底废除，最多就是像雇役一样，只能在中央的法律层面废除，但在基层的实践执行中，却一直有所保留，而且，这些保留的成分，还将随着司马光的去世而逐渐增加。

但司马光不愧为一位毫发无私、心怀国家的政治家，出于对国祚长久的考虑，他对朋党、对因人废事的非理性行为仍然十分警惕。虽然他从来不曾阐明不能因为一个官员与主张的政策错误而对其进行人身攻击的想法，也不曾阻止台谏官员如此做，但是他却用自己的行动做着这方面的表率。

例如，他一直不认同王安石的想法及其主张的新法，但是，当王安石在元祐元年（1086）三月去世的时候，在病假中无法上朝的司马光还特意修书一封，寄给当时实际主政的吕公著，对他说："介甫文章、节义有颇多过人之处，只是不通情理，不分是非，导致忠直之士与他疏远，谗佞之徒辐辏而来，使旧制败坏到如此地步。现在我们刚要纠正他的过失，厘革新法之弊，不幸介甫谢世，那些见风使舵的人以为他去世后，新法派失势，一定会百端诋毁他。在下认为，这时朝廷就应该对他特别加以优待与礼遇，以涤荡如今的浮薄之风。"最终，在他与吕公著的主张下，朝廷还是以高规格的礼仪去对待王安石的丧事。

可见，以司马光为首的宰执群体，对熙丰重臣的态度还是与同朝的台谏官员有一定的距离。当时，无论是力诋新法的司马光，还是在与章惇、安焘争论时候说他们"大段不通商量"的吕公著，都往往是对事不对人。他们极少丑诋新法大臣的人品。从司马光六月呈上的《申明役法札子》中也可看出，他对役法的看法也是吸收了章惇的部分意见的。而与司马光搭档的吕公著则更要宽容一些。他认为，为治之道，最重要的就是不要太偏激，凡是太激进的政策都应该去除，这当然也包括对熙丰旧臣"除恶务尽"的政策了。他认为，历代称道的汉代"文景之治"的时候，"网漏吞舟"，也就是，法网的漏洞大得连船都能穿过去，但这样宽容的氛围才能涵养出一代治世。而且，人才实在难得，现在的大臣，大多成长于熙丰时期，如果凡在熙丰效力的大臣都要去掉，那在哪里找到能做事的人呢？所以他主张给机会让熙丰大臣"改过自新",安心地加入到元祐之政中,而不是通过严刑峻法让他们自暴自弃。

但是台谏官员们并不这样想。他们不但极欲尽除新法的一切影响,甚至连司马光提出的允许私雇代役之法也不能接受;在抨击新法大臣的时候,不但语言上无所不用其极,而且往往向个人私德上靠,把新法大臣说成是道德污秽的小人,必欲除之而后快。在这样的背景下,新法砥柱王安石去世一事,就被台谏官员当成了一个集结号。

就在王安石去世当月,之前在熙丰朝担任过御史,后因与王安石不和而去职的邓绾,由于刚刚被从邓州(今属河南)调任扬州(今江苏扬州),引起了台谏的注意。

邓绾本来并不是什么好人,是个溜须拍马,靠奉迎新法而青云直上的官员,但当初他在宁州(今甘肃宁县)任通判的时候被认为"熟练边事",卸任御史后任职地方,也无什么明显过错。而且他也早已为自己的卑鄙付出了代价,当初被神宗"自御史中丞、翰林学士,尽夺其职而逐之"。

但问题是,现在是元祐时期。当一个在熙丰时期担任过台谏官员,并且为熙丰君臣清除异己积极出过力的言官引起了元祐台谏的注意,尤其是在王安石去世,言官正想借机铲除第一轮整肃时"漏网"的新法大臣的时候,那么他获得的弹劾就注定会远远超出他的过错。

新任殿中侍御史林旦首先对邓绾的调任提出质疑,问朝廷为什么要爱惜一个邓绾,仍给邓绾当知州。按他的说法,今日正是要"举公论而摘大奸",如果把邓绾完全削去官职,流放到荒僻边远的地方还不足平"众议"

的话，太后就应该"特出圣断"，对他"重行诛殛"。

　　但作为宰执之一的同知枢密院范纯仁则有不同意见。他认为，邓绾当时已被贬，如今的职位是累历赦宥之后按规定应得的位置，而且这次调任也是为给其他官员让出空缺，并非升迁；邓绾受罚多年，"中外久已无言"，如果现在突然想起来就又去无故责罚他，那一方面有亏德政，于朝廷体统有损，另一方面他也担心，如果朝廷经常这样突然旧事重提并不断追责，毫无止境，那就有可能导致旧日在熙丰朝曾积极任事的官员人人寒心，不能安然任职了。

　　当然，范纯仁也知道，台谏既然提到邓绾被贬后不止一个执政大臣为邓绾说话，"出力援引"，那他作为执政之一，这时还出面对深罪邓绾提出异议，无疑是将自己陷入是非之地。但他与吕公著一样，还是抱有调和新旧、达成和解的理想的，因此，作为对御史攻击的防御，他特意提起当年自己本来已经被任命知襄州，却被邓绾弹劾而被收回成命，被降知小郡的事，以这样的"旧怨"来说明自己的目的并非为邓绾说话，而是出于为朝廷着想。

　　没想到太皇太后不但非常赞同他对邓绾的处理意见，而且对他奏章里所表达的和解之意所见略同。

　　她派遣中官秘密赐给范纯仁一封手诏，内中说道："旧日迎合熙丰大臣，通过声称自己能为朝廷谋得财利而获得晋身之阶的官员很多，此前朝廷已经把其中最突出的大肆搜刮民财的人斥责放黜。但如果要对此前所有有类似行为的人都追责的话，这事就越牵越多，没有止境了。这似乎并不符合我们现在要回归平静、涵养民生的为政原则。所以我正想颁降一个诏书，告诉天下官员，朝廷对此前之事，一切宽宥，不再追责，让他们各安其职，改过自新。不知道这样好不好？请你仔细考虑，再把意见亲手写出来，密封送上来给我。"

范纯仁看了太皇太后的手诏，真是大喜过望！他不禁大呼太皇太后之睿明："虽尧舜宥过无大，成汤克宽克仁，无以过也！"这圣德与古代圣人的宽仁相比，也毫不逊色啊！他建议太皇太后立即把这个意思发送给负责起草诏书的大臣，加以润色，以成"训诰之美"，使它"垂之万世，永为帝范"。

这是元祐元年（1086）四月的事情。不知道范纯仁有没有从此就天天等着太后把这封表达和解的旨意降出，让翰林学士写成诏书，但如果他真如此盼望的话，恐怕却要失望了。因为自从对他表达过这个想法之后，太皇太后就再没有提起此事。充斥朝堂的，反而是熙丰旧臣一再被清算的消息。

首先是元丰年间曾任御史的满中行被外放，出知明州（今浙江宁波），然后是观察使、知潞州张诚一与龙图阁直学士、新知江宁府李定被台谏反复弹劾，说他俩不孝，要"特行窜殛""明正典刑"，于是朝廷诏令开封府与京西提刑司审问两人之事。紧接着，曾经站在熙丰变法第一线的前参知政事吕惠卿也被"旧恶"重提。而且此次台谏还帮他想到一个新罪名，就是违反赦书的要求出兵——在神宗去世后，新皇帝在登基赦书中要求"不得侵扰外界"，但这时吕惠卿还去进攻西夏。

其实吕惠卿出兵，主要是因为元丰八年（1085）神宗还在世时，有旨令边将执行"扰耕"政策，也就是通过袭扰西夏边民的生产生活，以期达到消耗他们国力的战略意图。这一策略在当时已经实行多时，所以在登基赦书到达前线以前，其实宋夏边境间的小规模战斗一直在持续，当赦书送达边境的时候，吕惠卿也曾根据本地情况奏请继续这个战略，似乎还得到了枢密院的批准。

但台谏们说，就算是有奏请，那也是欺罔朝廷。御史中丞刘挚说，"人臣之罪，莫大于邀功罔上而为国生事"，在赦书抵达后仍出兵，那就是无视太皇太后与皇帝的权威，而且在全国举哀的时候擅自出兵就是不当。于是，谏官、御史齐齐出动，扰攘一个多月，朝廷褫夺吕惠卿所有荣誉职衔，连降四级，勒令他到苏州，被监视居住。新的任命书在元祐元年（1086）六月十八日写完，十九日进入门下省审核通过。文书的上送与审批过程足见宰执们对这项人事安排并无异议。他们以为这样就可以平息台谏们的弹奏了。

但是，当任命书发出来的时候，却仍然惹毛了一众台谏官员。谏官集体上疏，说这对于吕惠卿这样的奸臣来说还是太优待了，认为这是"蓄虎豹于近郊"之举，终将留下祸患。御史们也一齐出动，说吕惠卿虽被贬四级，但仍是中散大夫，守光禄卿，这是"谪不当其罪"，相当于想除"恶草"而不拔其本根，要除恶兽而不是马上杀掉它，而只把它圈起来，只会使他一方面更生怨恨，另一方面又便于他养育更厉害的爪牙，一旦冲破笼牢，就一定会吃人了！他们要求朝廷一定要对吕氏"明指奸恶，以告天下"，然后重行诛窜，方能平息"众议"。

随后，还是太皇太后从内廷出了一个批示给三省官员，给出了对吕惠卿的最终处理意见。从批示的行文，我们大概可以推测高氏的心情："惠卿罪恶贯盈，虽然已经受过责罚，但台谏仍然不停弹劾他，看来难以给他去好的地方安置了，可以把他窜逐到一个偏远的小地方，以平息众人的议论。"这个批示是附着在那些台谏的奏章后的，意思是让宰执们看看，台谏们都说了些啥。此外，批示最后一句的原文是"以塞公议"——让宰执们好好想想，要如何处置吕惠卿才能让那些台谏满意而归。这字里行间分明可以看出，高氏在对吕惠卿的贬黜这件事上，并非积极主动的一方。

新的任命书还是由中书舍人范百禄负责起草。他在诏书中写道："朕承先帝大烈，惧弗克胜，而法弊不可以不更张，民劳不可以不振德，稽其所自，汝为厉阶。"诏书都是要以皇帝的口吻写的。这几句话的意思是："我继承先帝的伟业，只怕无法胜任。而现在法度的弊害不可以不改革，百姓的劳顿不可以不救治，而当考究这一切的根源，可知你就是致祸的阶梯。"右相吕公著看到范氏起草的这通诏书，惊得头皮发麻，连忙写了一个留言条给范百禄，说："这样写，恐怕会彰显先帝的过失啊，还是删去它比较妥当吧。"是的，吕惠卿在变法的早期是神宗与王安石的左右手，参与过几乎所有变法条例的草创，当时还得到神宗与王安石的赞许，现在皇帝却说"我继位的时候"发现法度败坏、人民涂炭，即使说那是吕惠卿导致的，但先帝神宗能脱得了干系吗？

这正是吕公著深感忧虑的地方。无论是王安石还是吕惠卿，与神宗都捆绑得太深了，如果不停发起对变法大臣的打击，很难不伤及神宗的声誉，这事关国体，无法不慎重啊。但是，范百禄对吕公著说："您说得很有道理，但如果不这样写，人言可畏啊！"潜台词就是，我也不想这样写呀，但如果不这样写，又能怎么办呢？我范百禄又不是没领教过台谏的厉害。这时，一向对吕惠卿极有意见的另一位中书舍人苏轼站了出来——我来写！

当一个文豪得到一个奉旨骂人的机会，骂的又是他一直很不爽的人的时候，完全可以想见这个任务会激发他怎样的创作激情。而且，苏轼又是多么聪明的一个人呀，他成功地避开了所有针对神宗的内容——一切与先帝无关，都是你吕惠卿的问题："凶人在位，民不奠居"这是对吕惠卿罪状的总起；"吕惠卿以斗筲之才，挟穿窬之知"，这是说吕惠卿才华鄙陋；"谄事宰辅，同升庙堂"，吕惠卿之所以在神宗时能身居高位，完全是靠拍宰辅们的马屁；"乐祸而贪功，好兵而喜杀，以聚敛为仁义，以法律为诗书，首建青苗，次行助役，均输之政，自同商贾，手实之祸，下及鸡豚。……"历数吕惠卿的"旧罪"，顺带踩了一下他所设计的各项新法；朝廷对吕氏的处罚只是"稍正滔天之罪，永为垂世之规"说明朝廷决定的英明与历史意义；"迨予贱祚之初，首发安边之诏，假我号令，成汝诈谋"指斥吕氏的"新恶"：我刚刚登基，第一次发出安定边疆的诏令，你就敢假借我的号令来成全你的奸计！所以朝廷的责罚只是"尚宽两观之诛，薄示三危之窜"，也就是说，这已经是对你的宽恕了！简直思如泉涌，一泻千里，隔着纸都能看到苏轼当时那快意恩仇的样子。

但是，吕公著与范纯仁这些一心想要"和解"的执政，看到这样的诏书，他们会作何感想呢？这还怎么和解？

不过，不用急。从上面各人的言行可见，对新法大臣翻旧账，应该并不是太皇太后主动所为。在这当中，她似乎是被推着向前走的。而她在四月时向范纯仁表示的和解心意却一直未变。

元祐元年（1086）六月二十三日，吕惠卿案终于告一段落，六月二十六日，在太皇太后的召集下，三省与枢密院长官齐聚一堂。帘后终于送出太皇太后亲书的和解手诏，内容大致是：之前朝廷的法度都是务求宽厚爱民的，只是大臣们往往不体谅朝廷的苦心，做了很多荒唐事，残害百姓，伤害国法，如果现在朝廷不对此整肃一下，就是放任朝纲紊乱下去了。不过，朝廷的用意，是要窜逐首恶，作为警示，现在其他相关人员却也日夜担忧焦虑。我正掌管新政，务求保存朝廷大体，所以现在要向百官示以宽仁之恩，既往不咎，不再弹劾，令他们都改过自新，各自安心办事。太皇太后希望三省枢密院能协力把她的这个意思制成诏书，布告朝廷内外。

看到这样的手诏，吕公著与范纯仁等大大地松了一口气——看来和解的进程终于还是开始推动了，新朝廷终于可以和旧政说再见，可以不必汲汲于政治斗争与清算，可以轻装上阵，元祐的新局面开始了！他们连忙找到了负责起草诏书的中书舍人范百禄。

六月二十八日，诏书的草稿呈上，意思与太皇太后的类似，但语气比太皇太后的更温和。其中还有这样一句：对待此前有犯过上述过错的人，"一切不问，言者勿复弹劾，有司毋得施行，各俾自新，同归美俗"。就是说，朝廷决定既往不咎，要求言官放弃弹劾新法大臣，各机构也不要再追究他们的责任，让他们得以改过自新，一起辅助新的政策。这就放出了一个明确的信号，大家都要放下新仇旧怨，同心合力向前走了。

但是这样的一通诏书却立即引起了台谏官们的围攻。从六月二十八日这个诏书放出来讨论，到七月十一日这十几天里，朝堂之上，舆论汹涌，无不反对此诏。

台谏中，有完全反对释放和解信号的，如刘挚认为，如果觉得黜责一些明显有过犯的熙丰大臣之后，可以不再追究其他人的话，完全可以就此打住，而无须下诏明言，因为这会传递出后悔更化的信号。也就是说，他主张即使是停止追究，也只能是"做"，而不能"说"，不能把朝廷意图预先告诉别人，因为"民可使由之，不可使知之"。

还有一些人是重点针对"言者勿复弹劾"这一句的。刘挚、林旦、监察御史上官均、右正言王觌等人的奏章中都对"言者勿复弹劾"一句有意见。

刘挚说，对于言官来说，纠正官员过失是他们的责任，现在"明出诏令，警告他们，让他们别再说话，那是一边给他们言官的职任，却褫夺他们的权力"，只会让主事官员更加肆无忌惮，因为台谏从此不敢弹劾他们了；对于那些作恶多端而暂时未被提起的熙丰臣僚而言，如果日后被提拔而言官又不能说，那就是言官不尽职，这无疑会引起朝廷纲纪不肃，使"小人"产生非分之想。

门下省负责驳议的给事中胡宗愈也认为，诏令大体可行，只是要却除"言者勿复弹劾，有司毋得施行"两句。

也有质疑诏令出台的动机的，如王岩叟就从诏令中嗅出另外的味道。他说这诏令"虽名为安慰罪人，其实乃约束言者"，同时质问道："我刚任谏官的时候，在帘前奏对，陛下还叮嘱说：'天下之事，不管大小，都要一一道来，我自然为你主张。'看到诏书我就想，陛下当初求言如此之切，那今日不应这么快就厌恶谏言了啊！"诏书里其实并没有拒谏的意思，但他却将之视为拒谏的信号，可能是因为他把这通诏书与高氏在吕惠卿案中那通手诏联系了起来。毕竟她在手诏中说过，朝廷已经责罚过吕惠卿，而台谏仍在不停论奏，隐隐已透出厌烦之意。于是王岩叟就进一步吓唬太皇太后：如果正直的大臣知道您有拒谏的倾向，那他们自然就主动离开朝廷，而那些阿谀的人，就会借机上来。同时他还质疑让这件诏书出台的"幕后主使"，警告太皇太后说："撺掇您这样做的，一定不是纯诚爱君之人。他一定是预计日后政局会反复，以此来讨好奸臣，以便日后得以全身而退，保全子孙。不然就是自己也心怀不轨。如果让这样的诏令发下去，那就为日后那些奸臣还朝打开了缝隙，慢慢地，他们就会勾结在一起，构陷忠良，援引邪佞，重新回到往日那样作奸犯科，这实在可怕呀！"

台谏官们还有一个观点非常值得注意。御史中丞刘挚、殿中侍御史林旦与左司谏王岩叟分别在他们的奏章中提到，诏令中似乎认为，旧日的弊病已经革除，官员们旧日所犯的罪现在也宽恕他们了，所以就下诏令官民改过自新。但，既然说是从今天开始改过，那不知道这样的诏书认为先朝的治理是什么样的呢？这是不是在暗示先朝的政治都是黑暗的呢？虽然我们心里都很清楚，但这种暗示拿来昭告天下，那无异于告诉天下，今日之政，与熙丰之政不同，今日是改过，那熙丰时就是"过"了，这不是诽谤先帝吗？这样的诏书颁布下去，隐含非常大的危害。

这种意见，反映了元祐时期政治的一个非常难以解决的问题，就是他们着手推翻先帝之政的时候，却不能明确地反对先帝之政，反而要打着"绍述"先帝之志的旗号。这本来就难以自圆其说。这种矛盾使得他们更化的理论基础非常脆弱，使得元祐朝廷但凡出台一个旨在废除熙丰之法的措施，就要先解释一通，说这是先帝本来要做的，只是来不及而已；但凡批判熙丰旧臣，就要先想办法把他们与先帝切割。但是，既然熙丰时期这么多蒙蔽先帝的奸臣满布朝中，这不也在暗示神宗昏暗不明，专用小人吗？于是，就得用更多的功夫去遮掩诽谤先帝的痕迹。这也成为上述这批官员不同意出台这样的诏书的原因，主要就是害怕他们对先朝的评价在文字上落下了痕迹。

不过，不知为何，这些奏章里所包含的合理担忧却明显被忽视了，反而是台谏们对自己被剥夺弹劾熙丰大臣权力的不满备受瞩目。

在朝堂之上争取弹劾权的同时，台谏们还以实际行动弹劾熙丰臣僚。元丰以来曾任大理寺卿的崔台符、杨汲、王孝先，以及都大提举成都府永兴军等路榷茶、买马、监牧公事陆师闵等人先后被黜降；之后，谏官开始弹劾神宗朝留下的两名宰执之一张璪。在这个过程中，凡是认为应该与熙丰旧臣和解的大臣，均被扣上反复小人、为新法张目等帽子而被清除出朝廷。

到七月十一日，又一版和解诏书终于颁布，果然去掉了"言者勿复弹劲"，使整个诏书的安抚与和解意味大减。吕公著与范纯仁第一次调和"新旧"的努力失败了。

还有一个奇怪的现象，就是这数月以来关于追究新法大臣以及是否颁布和解诏书的问题，无论台谏与右相吕公著、同知枢密院范纯仁之间的争论多激烈，始终不见司马光的声音。

本来，作为当时最为位高权重的左相，司马光在这些事上虽不能说可以一锤定音，但是其对高氏的影响力是不容小觑的。但是，五、六月间，他除了再次就役法问题上章外，就只有一次上奏的记录，里面提议设立十科举士法，丝毫不及上述纷争。

其中一个可能的原因是，他的病已经使他没有精力再去处理这些徒费心神的人事问题了。

六月中旬开始，他就只能断断续续地上朝，到八月中，他就再也无法上朝。也许他已经预感到自己时日无多，所以上章的内容，全都是他所急于解决的实际政策问题。除了心心念念的役法，和为了让朝廷能收拢更多人才的举官之法外，在他去世前的数月间，与刘攽一起为曾经在编修《资治通鉴》出力颇多却因为早逝而未能获得朝廷奖赏的刘恕争取到了一些权益；建议梳减宰相杂务到尚书六曹长官处；重新恢复与整饬常平仓法；禁止州县强行贷出青苗钱给民户，同时再次呼吁废止青苗法；删减、整理尚书六曹条贯。如此种种，均是非常务实的政务问题，完全不涉及对新法大臣的处理，也并未对台谏所论有所评议。

如果说吕公著与范纯仁是想通过劝说来让太皇太后调整姿态，捐弃前嫌，集中精力投身到元祐更化的政策本身，那么，司马光则是默默地用自己不知疲倦、毫不顾惜病体的卖力工作，用实际行动为他理想中的元祐更化作示范——致力于更化法令体系本身，力求去除熙丰新法的影响，而不是揪住熙丰的人不放。

只是，元祐元年（1086）九月初一，鞠躬尽瘁的司马光最终还是怀着未竟的事业辞世了。

被他留在身后的，是更改未尽的新法，是尚在学习期的太皇太后，和一群包围着她的既激烈反对新法，也仇视新法大臣的台谏官员。没有了司马光的朝廷里，最能影响太皇太后的会是谁呢？他们又将为元祐之政添上什么样的色彩呢？

四、留政不留人

元祐元年（1086）九月，守尚书左仆射兼门下侍郎司马光卒。

王岩叟忧虑地说："我听到百姓相互间议论说，我们的圣君能不忘记司马光的话吗？能继续司马光所设立的法度吗？"表面上，王岩叟心心念念的是司马光之"法"，朝廷能否坚守，但实际上，他却是借着"百姓"之忧，表达他自己对朝廷路线选择的忐忑不安。可见，即使是在宣布更化一年多后，旧法大臣们对朝廷是否立定主意全盘推翻新法，也是不确定的。

对于王岩叟的问题，朝廷用行动给出了答案——不，完全不。

这个"不"字体现在两个方面。一方面是司马光并没有着力去做的针对个人"算旧账"的问题，在他死后加码了。就在司马去世的当月，神宗朝留下的仅有的两位宰执——张璪和李清臣，也被清除出了中央。另一方面，就是司马光日思夜想要废除的新法却不知不觉被部分地保留了下来。

仅以熙丰三大新法为例。

其一是保甲。虽然不断有台谏官员上书恳请朝廷全面取消，但实际上不但保甲簿三年一造的规定还在执行，而且北方五路还保留着秋冬农闲时教阅的惯例，在其余路分，保甲与乡役的结合更紧密，对基层管理而言更重要了。唯一的变动就是，以往在教阅中表现良好的人是可以得奖赏的，从役钱中划拨出来的"保甲封桩钱"就是这些奖赏的资金来源，但现在由于减免了役钱的征收，加上朝臣以为"保甲封桩钱"是无端生出来的敛财之法而被废除，导致奖品没了来源，于是为了继续激励这些参与保甲教阅农民的热情，朝廷还要求转运司想办法应付教阅时需要的奖赏物品。

其二是役法。在司马光去世的当月，也就是元祐元年（1086）九月十七日，朝廷就已经诏令恢复城镇居民的第五等以上，以及乡村居民的"单丁、女户、官户、寺观"户的第三等以上主户的纳钱征收——只是征收的数额在熙丰的基础上减半——作为负担较重的衙前役的补贴。还规定，如果在补贴衙前役后仍有余钱，那就作为封桩钱物保存。所谓封桩钱物，指的是这批钱虽然是由州县经手，但所有权属于中央，除了朝廷规定的项目如衙前补贴外，州县不能动，只能把它封存起来。如果仔细品味一下这条诏令，不难看出一个有意思的问题：熙丰时期，役钱在法律上是属于州县，可以由州县自行支配，但元祐朝廷的这个诏令，则实际上是首次从法令上把役钱从州县财政中争夺过来，使役钱正式成为中央与地方共享的财赋。旧法大臣一直批评熙丰大臣迫着州县搜刮民脂民膏，然后又把州县的财赋收集至中央，使得州县财用不足，不得不加紧剥削，于是百姓民怨沸腾。但如果对比一下熙丰、元祐时的役钱归属就能发现，从法律的高度与州县争夺本属地方财政的役钱的，反而是元祐朝廷。而且一直被它批评的熙丰朝廷，至少还把役钱用于雇衙前、州县役、发放吏禄、代替役人负担职役经费等职役相关领域，但元祐朝廷此时所收的役钱，却只能用于雇佣衙前役，其余一概封桩成朝廷钱物。虽然后来雇役范围有所扩充，但毕竟已经开了堂而皇之地吝占、挪用役钱的恶例，也为日后小皇帝赵煦亲政后继续挪用役钱，使雇役法彻底变质埋下了伏笔。

当然，朝廷这样的决定照例引起言官的不满，因为他们认为这样做太像熙丰了。但朝廷不但没有听他们的，反而在元祐元年（1086）十二月二十五日进一步下诏，让那些在熙丰时期出免役钱三百缗以上的人户，在减半输纳役钱的同时可以免役。由于役钱是按财产征收的，所以在熙丰时期要出三百缗役钱的人，一定非常有钱。这相当于针对农村富户部分恢复了雇役制。王岩叟对此痛心疾首，预言道："现在就说只征收交三百缗以上役钱的富户，日后财政困难了就一定有人建议连交二百缗以上役钱的也要被征收，再迟些，就是一百缗以上，开了这样的口子，役钱的恢复就不可阻止了呀！"果然，到元祐三年（1088）五月四日，朝廷把输钱免役的对象由旧纳免役钱三百缗以上户扩大到百缗以上户。与此同时，征收回来的役钱用途也从一开始仅能用于补助衙前役，逐渐扩大到可用于雇佣某些州县衙门的辅助人员。所以说，其实在元祐元年（1086）到元祐四年（1089）

间，雇役法不但没有被废止，而且一直在慢慢恢复之中，即王岩叟所批评的：新法之弊，大半犹在。

唯一基本被废除的是青苗法。在司马光病休的时候，出于纾解财政困境的目的，范纯仁建议朝廷部分恢复征收青苗钱，但当司马光得知青苗钱被恢复后，于结束病假勉力上朝的当天就在帘前大声质疑这到底是谁的主意，吓得一向景仰司马光的范纯仁说不出话来。后来，青苗法就在法律层面逐渐被废除，然后又通过"常平法"，"借尸还魂"。

新法为什么会被保留？正如上文所说，因为它的很多举措确实受到了地方的支持。地方官府对于朝廷而言，处于江湖之远，但对于大宋机体的运行来说，又是最基本的保障与支撑，百姓也是通过他们的行为来感受法令的便与不便的。因此，地方意见最终还是或多或少影响到了中央的决策。

这就又产生了一个问题：既然新法可以保留，并且事实上正在被不同程度地保留，那么新法之人为什么又要被反复打击？这对于那些积极打击新法大臣的人来说，又各有隐衷。其中，朝廷中围绕章惇安置一事的博弈或可一窥端倪。

元祐元年（1086）十月十八日，离蔡确请辞相位八个多月、章惇被黜责近八个月，离司马光辞世也一个多月了，这天是御史中丞兼侍读刘挚、侍御史王岩叟同入对的日子。高氏面对这两位她最重用的御史，不禁缅怀起辞世不久的司马光来。她认为他的去世是国家的不幸。刘挚却故意把话题转了一下。他说："司马光虽然没了，但国家尚有太皇太后这样的至公之人在上，又有谁敢谋私呢？前些天把章惇知扬州命令收缴了，这就挺合乎公论的。"提起章惇，太皇太后至今仍是怒意未消，她说："章惇之前是因为无礼而获罪的，怎么可以就这么轻易地让他调迁到扬州这样一个大郡任职？"刘挚道："应该是审核议定这个新任命时有失粗疏了。"太皇太后仍有点意犹未尽："肯定是出了差错了！我前天也问过执政，看这是谁的主张。"刘挚说："听说是为了让他便于照顾家里老人。"太皇太后听后有点激动："如果是大辟之犯说，我上有老人要侍奉，难道就可以不用偿命吗？"大辟之犯指罪当处死的囚犯。帘外不知道谁应了一句："在法，如果死囚家里有年龄在八十以上的双亲，而且家里没有其他可以承担侍奉义务的人，那也是要免于死罪的。"刘挚接过话说："按国家典宪，这条法令对大臣不适用。"高氏显然不清楚宋朝的这些法律。但这不是关键，关键是她话中透露了对章惇的嫌恶。她已经把他视作"大辟之犯"了。王岩叟说："如果他被贬的时间够了，加上改命的诰词里有引用赦令，说明堂大礼的恩典充沛之类的，那还差不多。"高氏说："就是，就是！怎么可以才半年就更改任命？"

说到这里，大家也许会感到奇怪，他们在说什么呢？

原来，章惇在元祐元年（1086）闰二月被罢枢密使的时候，不但写给他的制词极尽诋毁，而且还"与放谢辞"，也就是不需要他入朝拜谢、辞别皇帝，而是直接去知汝州（今河南汝州）。这本是比自动辞职的蔡确严重得多的惩罚。但到元祐元年（1086）十月，仅仅过去了半年，章惇就得以被由汝州调任扬州。虽然汝州也经常被作为罢职执政的安置地，离京城开封也近，但扬州却是东南财赋重地，离章惇老家又比较近，所以从汝州调任扬州可算是美迁。

章惇颇懂医理，一直身体强壮，平日里还懂得运气养生之术。可能也因为这样，在神宗时朝廷往往倚重他的文治武功，经常派他南征北战，一会儿经营江南，一会儿开拓荆湖。但是他前段时间在汝州的时候，一日，运气之时刚好有风吹倒了大门，他被大门轰然倒下的声音惊了一下，按练"气功"的人来说，那就是练岔了气，以致突然手脚麻痹，在汝州请着病假。他的儿子章持听到报信，也请了假去照顾他。这次接到去扬州的调令时，章持正好就在章惇身边。作为大州知州，在上任之前循例有入京面辞皇帝的机会，因此章惇就由儿子章持陪护上京。

但当章惇晓行夜宿赶到开封城外，正想进城的时候，却接到圣旨，说要当场收缴任命，要求他立即回汝州。章惇半年间先是遭贬官，然后罢患瘠病，现在获得新任命勉力上路，却又在数日间令出反尔，而且还是在自己已到达国门的时候却不得而入，当着城外百姓的面跪接追寝前命的圣旨。不难想象这位在往日里倜傥骄傲的知枢密院事会如何悲愤交加。这一幕从此一定会深深印在他的脑海里。

在沉默中，他领了旨，由儿子章持扶着，慢慢站直身体，再默默地登车回归汝州。但在沉默的背后，那些圣旨背后起过作用的人的名字，却一定会一个个地在章惇的脑海里划过。

他是个天不怕地不怕的人，也是个记仇的人。如果说，元祐元年（1086）二月在朝堂之上的章惇，虽然嬉笑怒骂，但还是对调和新法与旧法、说服太皇太后取中和之政抱有一丝期待的话，那么，此时此刻的章惇，对元祐初年的记忆，就只剩下旧党对他的倾轧与不近人情了。

对于在京城门外被截住要求还任汝州的羞辱，章惇可以一言不发，但他的儿子却不能沉默。过了两天，他上奏朝廷为父亲申辩。

原来，按照宋朝的惯例，官员被贬后，如果恰逢朝廷有赦宥政策，则可以申请到一个离家近一点的地方任职，以便侍奉双亲。章惇的父亲当时已经八十七岁，又恰逢朝廷行明堂大礼，因此章惇一家以为，朝廷正是以此缘由让章惇迁到离他的家乡福建浦田稍近一些的扬州去的，当时还感恩戴德，十分欢快。但到了开封城外却上演了这么一出，于是章惇一家明白了朝廷不会那么轻易放过章惇。章持怕的，是太皇太后高氏误听谗言，这会令章家陷入更深的危机之中。因此章持在奏章里举了一个例子，作为其父调任扬州的类比，矛头直指新任侍御史王岩叟的父亲。他说，对于朝廷来说，把我的父亲从汝州调到扬州，有何区别呢？但调令却被追缴。台官王岩叟父王荀龙从棣州移澶州，大家也不知道这样移调有何意义，因为对于朝廷来说，让他任职澶州还是任职棣州，也没区别。王荀龙在官员之中号称庸碌低劣，像这样的人物，陛下一定不会记住他的姓名，所以他的调令一定不是陛下的主意，而是执政进拟调任的名单，然后画旨批准而已。那执政为什么要调他呢？是因为王荀龙的家在怀州，与澶州非常近。这样调动明显不是为了有利于朝廷，而是为了讨好王岩叟。但当时把王荀龙的调令进呈到御前的时候，执政又怎么可能明说这是为了王岩叟私人的方便呢？这分明就是执政与台谏官互相帮衬、互相攀援、互相勾结以巩固自己的地位，只瞒着陛下啊。陛下您施恩惠，让我父亲有些私人的便利，以示朝廷对大臣的优遇，却因为台谏不高兴就无法执行，而涉及他们自己亲朋的调任，他们就不说话，让调令得以通过，以获取私利。愿陛下仔细考虑一下这其中的内情。

然后，章持又分辩说，自己的父亲"禀性刚直，疾人之非，无所容忍，竭力向公，不负朝廷"，因此在帘前的争论，全是出于公心，这次陛下不加重责，而将他移至近乡之郡，反映了朝廷对诤臣的包容。只是这种行动就引起"朋党之人"的不满。他们造谣说我的父亲"悖慢无礼"，正是为了激怒陛下，这表面上是要伤害我的父亲，实际上是伤害了朝廷的兼听之明。因为这些台谏官实际上都是执政用事之党，所以凡是有什么意见，都是台谏与执政相互响应，十数个人交相上章，但讲的都是同一种意见，大家如出一口。这种情况看起来热闹，好像言路畅通，但实际上他们的意见却只是同一伙人的意见。

看来，章持要借以打动朝廷的立论角度还是朋党问题。他控诉元祐执政与元祐台谏结成党羽，共同蒙蔽太皇太后。因此他说他希望"陛下临照群情，总持权柄，不要使朋党互相交结，弄权自恣"。

章持这通奏章，虽然是站上了道德的制高点，而且也可算是抓住了一般最高统治者的心病。就像本文前面也说过，在朝廷中故意使用不同意见的大臣，使之"异论相搅"，本是宋朝立国以来的"祖宗家法"，台谏与执政结党，本应是宋朝统治者最不可接受的。因此，奏章的意图是，一方面稳住太皇太后，明确他们章家对太皇太后是感激的，他们反对的只是那些"朋党"之辈；另一方面也一针见血地指出了元祐元年（1086）开始朝廷中出现的执政与台谏相互配合，极大影响中央人事安排的事实。所以，如果章惇被逐果真是由于执政与台谏在共同起作用，那么章持的这通奏章则十分有说服力。但问题是，从高氏与刘挚、王岩叟的对话可见，撤回章惇任命的最坚定、最强大的力量，并不是向台谏妥协的执政，而恰恰是章持要感激的"仁恩厚德"的太皇太后。

不知道章惇在他儿子的这份奏章里有没有扮演什么角色，但从章持的立论角度却似乎揭示了一点，那就是章家在朝中果然没有可以为他们刺探君心的耳目。章持说台谏官与执政之间存在利益交换，这也许没说错。但是，在如何处理他父亲章惇这位前知枢密院事的问题上，他把矛头对准执政，请求太皇太后不要听信台谏与执政的谗言，却是只猜对了一半。没错，台谏官以王岩叟为首，认为把章惇贬去汝州已经是罪大责轻，更在闻知章惇被调往扬州后反复上章论奏，并且还在奏章中煽风点火，说这任命一旦下达，大家就会说不但公卿大臣都害怕章惇的凶戾，连朝廷似乎也怕了他，这是任凭他陵夷朝廷、削弱天子权威的表现，力主继续贬黜章惇。但说到执政最终导致了其父调令的寝废，则既误会了执政，又低估了太皇太后对其父的憎恨。

当初太皇太后在看到章惇的调令后就曾当场发作，厉声质问这是谁的主张。面对高氏的质问，上前禀奏的是吕公著，因为随着司马光的去世，吕公著补位成为左相，成为政府里的首脑。他回答说，这是大家的主张。这明显是在和稀泥，希望她难以责众。但史载高氏仍然对包括枢密院长官在内的执政群体进行了"宣谕"。所谓宣谕，在宋代指的是当皇帝与大臣有不同意见时，用比较强势的姿态重申自己的主张，或是批评那些持不同意见的大臣。因此，这个记录背后的实际情况是，高氏把整个执政群体都批评了一通，连本来不负责人事任命的枢密院主官也受到斥责，以致到十月十八日这天，同知枢密院事范纯仁还要上书自辩，因为在三省、枢密院共同商量的时候，他也表达过同意。

正因为章家对朝廷动向缺乏情报，才导致章持的这个申辩不但没有触动到那些攻击他们的人，在维护章家利益的问题上似乎还适得其反。看到章持的奏章后，尚书右丞吕大防不无委屈地说："这边台谏官弹劾执政，说我们是为了取悦章惇，而章惇的儿子却在章奏里说是我们勾结台谏害他的父亲。"尚书右丞位属副宰相，也属于执政之一。太皇太后听了就说："章惇儿子章持为其父鸣冤的这通章奏，他自己请求我留中，哼，我偏偏要降出去，好让其他执政知道！"刘挚附和说："这小子居然敢如此狂妄！"所谓留中，指的是皇帝在接收大臣的章奏后，可以把它留在宫里而不发放到朝廷里集体讨论。这样做的原因，有的是因为皇帝想要留着好好看看，慎重考虑；有的是因为皇帝觉得大臣所说不对，不想回应他，但又不愿意其他大臣知道这个大臣的章奏原文；还有一种情况，应是上奏的大臣之请，因为上奏者希望自己的奏章不要流出去给别的大臣看到，以保护自己。按高氏的想法，既然执政们要为章惇着想，那就让他们自己看看章持是如何诋毁执政的，这样他们就能知道章惇是个不知好歹的人，就不会再帮助他了。

这个事件反映了两点。其一，当时即使是在旧法大臣把持的元祐朝廷中，执政的台谏对新法、新法大臣的态度依然有相当大的距离。其二，章惇等人并没有如旧法大臣所指控的那样，通过勾结内职等手段在朝廷内外形成党羽，否则，朝堂之上，两批人的态度如此不同，他不可能不知道。这也是符合章惇本人的个性的。章惇的传记在元代人写的《宋史》中被归入"奸臣传"，说他虽然聪明博识是旁人的数倍，但是长期为害作恶，"不肯以官爵私所亲"，也就是自己身为高官，却不愿利用这个特权为亲戚谋官职，以致自己的四个儿子接连登科之后，除第三子章援用了他的恩数，被擢为校书郎，其他儿子统统只是遵循正常途径，从最底层的幕职州县官入仕，沉沦下僚，最后都没有谁是显贵的。《宋史》写这个，是为了说明章惇的狠心、无情。但若以我们现代的标准来看，这不正反映了章惇其人不愿结党营私的孤傲性格吗？因此，他作为一名前执政，却在朝中无朋，离朝后却不知朝廷风向，就不足为奇了。

　　既然台谏与太后都反对优待章惇，并且他们都指控执政在给章惇便利一事上起过作用，那宰执中到底是谁首倡给章惇"便郡"的呢？原来正是新任左相吕公著。作为司马光之后的执政中最位高权重的一员，他当时的想法是：一来章惇父亲年近九十；二来章惇毕竟是个前执政，宋朝一向有礼遇大臣，尤其是执政的传统；三来，朝廷经过明堂礼的大赦，也理应给章惇一些礼遇。他希望以章惇为首，慢慢甄别、叙迁一些被放外任的大臣，使他们不至于太艰难。这本来也是好意促成新旧和解的做法，无奈当时台谏官员风头正盛，正受太皇太后重用，吕公著作为左相，虽然他是坚决站在旧法一边的，但即使是稍作调和的动作，也受到严重的掣肘。当时高氏还想把上书的章持也连同父亲一同责罚，还是吕公著劝谏她说，章持这是为父尽孝，即便做出什么出格的事儿都不算过分，劝她不必太计较，她才放过了章持。

在章惇改官事情的奏章中，章持提醒太皇太后，执政与台谏"有党"，这并没有引起太皇太后的认同。但这不代表太皇太后不警惕朝廷中的朋党对她主导权的威胁。因此，将对手诬之以"有党"仍然会是打击对手的一个极好的工具。

到元祐四年（1089），这个工具在面对忽然发酵的蔡确"车盖亭诗案"时，发挥出了超强的作用，此是后话。只是，无论是对章惇调任问题的处理，还是对蔡确的态度，无不反映了高氏对自己权威与历史作用的在意，这导致她在涉及类似问题时就显得特别执着与强硬。这就解释了为何她在处理章惇与蔡确的问题时，表现出她"独断"的一面，一定要对蔡、章二人下重手，但在对待吕惠卿等人的问题时，态度却不太坚决，并且在元祐元年（1086）时还曾试图颁布和解之诏，尤其是在朝廷商议某种具体政策时，她的身段又可以非常柔软。

总结起来就是，在元祐初年，朝廷在对待熙丰之臣与熙丰之政时的态度是有差别的。在对待熙丰之臣的态度上，高氏自己对章惇、蔡确等怀有私怨，因此对他们的处理意见比较极端；但除此之外，与台谏官员们对熙丰之臣"除恶务尽"的态度相比，她对其他新法重臣的态度则没有那么激进。至于熙丰之政，由于宰执们对新法的态度相对温和，虽然这种态度无法影响高氏对熙丰之臣的态度，却可以左右她对熙丰之政的看法。因为高氏"不私外家"，她很注意不让自己的权力与外家的利益产生过多联系，所以新法对高家的触动不大，她对新法的反感就没有婆婆曹氏那么严重，加上她在行政上对宰执们的倚重，因此元祐初受吕公著、范纯仁等人的态度的影响，对熙丰之法的清除就不彻底。甚至当宰执们出于政务运行的现实需要而提出要恢复部分新法时，往往也能得到高氏的首肯。

高氏、台谏官与执政们在元祐初期互动的结果就是：元祐朝廷在人事上极力打击新法大臣，但是在全盘推翻新法政策的层面，却进展缓慢，甚至有较大反复。

但是，到元祐四年（1089），事情开始发生了微妙的改变。这改变的起点，就是"车盖亭诗案"。

第四章

◎

皇帝的"觉醒"

一、更化的车轮

"车盖亭诗案"首先与多年前的几件旧事有关。前文也说过，蔡确当年任御史时，曾奉命参与审判当时宰相吴充之子吴安持，传闻他处心积虑地想把这个案子往吴充身上拉，想要牵连吴充，以讨好王安石，由此与吴家结怨。虽然在元丰末年吴安持因为另一些事情又被查，蔡确特意恳请太皇太后放过他，但这并未消解吴家对他的积怨。

蔡确还得罪过一个人，此人名叫吴处厚。蔡确任山陵使主持神宗丧事的时候，吴处厚是他的属官。事情办完后，吴处厚以为蔡确会按惯例为下属向朝廷请功，那他至少有个馆职之类的，可以留在中央，谁知蔡确并没有这样做，于是他就被外放到地方任职了。当然，从日后吴处厚对蔡确无所不用其极的构陷来看，蔡确当年不愿意举荐他是非常有道理的，吴处厚的确不是一个忠厚之人。只是，俗话说，"宁得罪君子，莫得罪小人"，蔡确并没有意识到，他作为一个首相，做的这样一个小小决定，将会如何影响他、他的家族、他的亲朋故旧或是与他不怎么相关的大批大臣，甚至是大宋皇朝的命运。

元祐二年（1087），蔡确被贬到安州（今湖北安陆），在游安州车盖亭后，曾题诗十首，这事被隔壁州的吴处厚知道了，于是专门去把它们抄下来，仔细地对其进行了笺注，挖掘出里面"诋毁"太皇太后与皇上的文字。

这人的可怕之处在于，他在誊抄、笺注诗句后，却按兵不动，一直等待能一击就彻底把蔡确打倒的机会。

蔡确不知道是因为听到了风声，还是作为一个久经官场的"老人"，有自己的政治敏感，他在移知邓州（今属河南）的时候，特意派人跑回安州，从公使库中找到了当年题过诗的牌子，把它们洗干净了才还给安州。但无奈诗早被吴处厚抄下来了。

这改变很多人命运的十首诗，到底写了些什么，吴处厚又是如何解读的呢？在此略举一二，可见一斑。

其中一首诗里写道："纸屏、石枕、竹方默，手倦抛书午梦长。睡起莞然成独笑，数声渔唱在沧浪。"这是形容他在书房里午睡醒来，听到渔歌，莞然一笑的样子。我们也许会觉得，这是形容文人闲适的生活，挺有情趣的呀！但吴处厚说，错了！这里面是有深意的！现在朝政清明，上下和乐，你蔡确却要"独笑"，你为了什么事独笑？

还有一首："风摇熟果时间落，雨折幽花亦自香。叶底出巢黄口闹，波间逐伴小鱼忙。"果子挂在树上熟了，被风吹得掉在地上；雨打在花上，湿润的空气里含着花香；树叶间有雏鸟可爱地鸣叫，碧波里有小鱼在快乐地忙碌——多有野趣呀！吴处厚说：也错了！没看出来吗？后两句诗，是讥讽那些进谏的人，和朝廷最近提拔的人！前面说他们喳喳叫，后面说他们只是小鱼小虾，为名利奔忙！

但这还不够重磅。因为没触动到太皇太后。最重磅的是下面这首："矫矫名臣郝甑山，忠言直节上元间。钓台芜没知何处？叹息思公俯碧湾。"这首诗原来是有典故的。唐朝时，有一位原籍在安州安陆县的名臣叫郝处俊，被封甑山公。蔡确当时是安州知州，可能是游览当地的时候，想去找与郝处俊有关的一个钓台，却找不到，然后写的这首诗。而吴处厚是这样解读这首的：郝处俊是唐高宗时的大臣，当时高宗多病，想把皇位传给皇后武氏，郝处俊极力反对。蔡确为什么写诗提这个人？因为现在是太皇太后垂帘听政啊！你蔡确是今人，安州那么多乡贤，你思古不思别的，偏偏思念这个古人；安州这么多遗迹，你只去找与他相关的遗迹，这是为什么？这就是因为郝处俊反对母后当政啊！为了进一步坐实蔡确的罪名，吴处厚还特意去查了郝处俊流传下来的所有奏章，发现郝处俊一生上过很多奏章，却只有在年号为上元的时候所上的奏章是谏止传位给武后的。而恰巧蔡确的诗里就提到了上元这个年号——这不指这件事，又是什么？可见，你这首诗，就是讥讽太后临朝，就是讪谤！

在元祐这样的政治氛围里，就算是吴处厚这样牵强附会的笺注，只要时机得宜，还真是能置人于死地。吴处厚深深相信这一点。他小心翼翼地保存着那些诗与笺注，那可是能整死蔡确的利剑！

最后，吴氏整整等了两年，终于等到了机会——吴安持的弟弟吴安诗在元祐四年（1089）三月被任命为右司谏。一个与蔡确有宿怨的人做了可以弹劾大臣的言官，这就是吴处厚想要等的机会。于是，吴处厚连忙把经过他深文巧诋的"车盖亭诗"献上朝廷。果然，吴安诗马上注意到了吴处厚的报告，他抓住了这千载难逢的机会，首先对蔡确展开弹劾。

吴处厚的举报、吴安诗的弹劾可能仅仅是为了报一下私仇，他们也许也没想到在他们发动对蔡确的攻击之后，会引起这么多矛盾的共振，最终导致了一场改变更化方向同时又为绍述埋下伏笔的政坛大地震。

吴氏的弹劾马上引起了太皇太后的注意。因为她最近也正为蔡确的事情烦恼。

高氏对蔡确的嫌恶可能就是源于当年韩缜或其他围绕在她身边的人的流言。因为她在垂帘之初，很多大政方针还是与蔡确商量着办的，两人的合作并没有太大问题。但是，慢慢地，关于神宗弥留之际的各种流言就散布开来。主要的版本有几个。

一是蔡确为保传位的顺利，拉上章惇，迫着首相王珪同意拿着宰执们草拟的传位诏书去面见神宗。如果传闻为真，则蔡确至少在哲宗登基一事上起过积极作用。

此外，按宋朝皇室惯例，皇子到十五岁时就要搬出皇宫，到朝廷为他们修建的王府中去居住，名为"出阁"。但因为神宗疼爱两弟，所以到他们十五岁之后，神宗仍不批准他俩按惯例搬出皇宫。这就导致在神宗去世的时候，他的同母弟雍王赵颢与曹王赵頵正值壮年，却还能在皇宫里活动。于是就导致了谣言风起。这第二、第三个版本的流言就与神宗的这两位皇弟有关。

第二个版本说，神宗病危时，两弟公然出入神宗寝宫，行为很不正常，大有取而代之的意思。

第三个版本则暗示说高氏与王珪互为表里，要舍弃立神宗的儿子赵煦，改立高氏的另一个儿子赵颢。

在第二、三个版本的后面都接上了第一个版本故事的结局，即最后还是蔡确一锤定音，破坏了高氏传位给皇弟的阴谋，扶持赵煦继承了皇位。

还有一个版本，则是韩缜告诉高氏的，说是当时的起居舍人邢恕与蔡确要占策立之功，于是设计拉拢高氏的侄子高公绘、高公纪等人下水，请他们一起拥立两位皇弟中的一个。为此还不惜借口看一种能治好皇帝的病的奇花，把高氏兄弟骗来密谋。结果高公绘识破后连声说："您这是要害我们全家呀！"急忙转身跑走了。于是邢恕、蔡确为了掩饰自己的罪行而先下手为强，才出现了他们拉上章惇逼迫王珪去建议立储之事。高氏显然是相信了最后的这个版本。史称她特意告诫高家兄弟，不能再与邢恕接触。

只是，蔡确若真有不轨之谋，在韩缜告密后，他恐怕就已经无法安于相位，甚至到元祐四年（1089）旧法大臣决意使他无法翻身的时候，也无须去他的诗句里寻章摘句，去制造什么"车盖亭诗案"了。当时攻击蔡确最烈的左谏议大夫梁焘，给蔡确的罪名也仅是说他在车盖亭所作的诗"语涉讥讪"。所以，高氏相信并怨恨的，恐怕不是蔡确与邢恕在神宗末期确有"奸谋"，真的试图干预皇位继承的人选，而是蔡确在继位问题上的造作、冒功，以及他与那些对高氏不利的谣言之间的关系。因为据另一些史料记载，其实高氏在眼看神宗之病无力回天之时，曾急命自己最信任的内侍梁惟简，回家叫他媳妇秘密赶制一件十岁儿童能穿的黄袍；同时，她的另外两个儿子赵颢和赵頵，之前一直会去神宗寝宫向神宗问安的，也是这个时候被她下了禁令，不能随便进入寝宫。可见至少在这些记载里，高氏在这个皇位更迭的紧要关头，是明确地倾向于其孙赵煦的。而且后人称她不私外家，哲宗曾称她是"女中尧舜"，也反映着她一直以来所经营着的这种人格形象。因此，关于哲宗继立时她与蔡确等大臣所起的作用问题，就成为她最在意的问题。因为这不但关系到她与其孙赵煦的关系，还关系到她及其家族身后的历史作用评价的问题。

事实的真相，既有可能是她与蔡确都曾经想过废立之策，只是后来都放弃了，最后两人为了撇清此事都做了很多表示自己坚决站在小赵煦一边的动作；也有可能是她与蔡确等大臣都是坚定的赵煦继位的坚持者，只是由于流言与离间才导致了后来对两人的各种猜疑；当然也有可能是另外一些情况。但真相无论如何，均在各种层叠、隐晦而矛盾的记述中逐渐湮没，留给高氏的，却是现在不得不面对的越来越发酵、让人百口莫辩的流言。最让她甚至紧迫而寒心的一点是，她的孙子赵煦现在已经虚岁十五，按宋代皇室的传统，十五岁就算是成年。近日已经开始有臣僚奏请皇帝要多参与政事的决策，这使高氏越来越觉察到，离她把政务归还给孙子的日子已经不远了。然而，这位十五岁的孩子，他有没有听到这些流言？祖母高氏与父亲神宗究竟在他心里是以什么面目呈现的？高氏心里却一点底都没有。在史书记载里，这个少年赵煦给人的印象从来都是"渊默"不语的，也就是在朝堂之上，一言不发。按道理，一个十几岁的少年，正是意气风发，对什么都跃跃欲试要表达意见的年纪，而他为什么那么沉默？外人不得而知，而作为最亲密地陪伴着他的人，高氏却应该是知道的。如果这个时候，小皇帝听到了某些对自己不利的流言，会作何感想？因此，她对于如何向孙子解释当年他继位时的一切，以及能不能取信于他，感到十分忧虑。赵煦的沉默对于她来说，并不是一个好现象，甚至可以看作是危机的迫近。

她的担忧其实不无道理。因为早在上一年底的时候，就发生了一件与蔡确、与赵煦继位有关的事件。

司马光的儿子司马康在为父守孝期满后，朝廷任命他为著作佐郎兼侍讲，准备要入朝。这时，当年曾与蔡确商议如何在皇位继承过程中扮演更重要角色的邢恕正任河阳（今属河南）知府，他听说此事，就邀请司马康在上京前先绕道河阳府一起聚聚。邢恕本来是司马光的门生，与司马康很早就认识，因此司马康欣然赴会。在聚会期间，邢恕就向司马康讲述当年蔡确在确保哲宗继位方面如何有功，希望他能为蔡确写一篇赞颂的文章。司马康不疑有他，就按他的请求写了。这样，邢恕就相当于帮蔡确拿到了司马光儿子的背书。不知道他还有没有把司马康写的这些文字给过其他人看，史书上只记录了他向梁焘出示的过程。当时，知潞州（今属山西省长治市）梁焘被朝廷召入为左谏议大夫，邢恕也同样邀请他路经河阳再入朝。

在聚旧期间，邢恕也给梁焘讲述蔡确的"定策之功"，认为蔡确被贬确实不当，并且给梁焘看了司马康的文章，作为司马氏也认定蔡确有"定策之功"的证据。从现存的两段记载来看，至少邢恕是参与了蔡确"定策之功"的舆论制造的。

但问题是，如果皇位继承顺利而且理所当然的话，蔡确何功之有呢？因此这个故事里，一定会有一个反派，蔡确要与之斗争才得以让赵煦顺利继位，那才称得上是"功"。如果朝廷任由蔡确有"定策之功"的舆论传播的话，一旦这个故事与当年那几个与"皇弟"有关的故事叠加，那就相当于默认了太皇太后正是那个在哲宗继位过程中的"反派"。

不知道邢恕策划这些的时候有没有经过蔡确的首肯。史书记载邢恕去河阳任知府之前，是特意到邓州（今河南省邓州市）找过蔡确的。但在他俩这次见面中有没有提到要通过这种手段为蔡确的复出制造声势，却只能靠推测。毕竟这种操作实在太不明智了，很难想象蔡确这样的官场老手会看不出背后的风险。

而且，说不定为蔡确说话的也不止邢恕一个。因为当时的确已经有类似的舆论在暗中酝酿，甚至引起了激进的旧法大臣刘挚的注意。按道理说，如果仅有邢恕这样一个已经出知地方的熙丰旧臣在推动这件事，能量似乎大不到这种程度。

当然，让高氏不安的还有一件事，那就是她怀疑在帘外站着的人中，还有一些不是完全与她同心同德的人。

新任中书侍郎刘挚有一天对她说："现在朝廷内外的官员，但凡有些职守的，十有五六不是与王安石、吕惠卿有故旧之谊，就是与蔡确、章惇沾亲带故，这让我寝食难安，时常为朝廷感到心寒。当然我也不是想劝您竭力去整治朋党，毕竟朋党牵扯太多，太难根治了……"这已经明显是在提醒她，现在朝廷之上，仍有新法大臣的"朋党"。而刘挚这次进言的重点不在这里。他的重点是要提醒太皇太后："朋党最擅长的，是离间之计。如，他们也许会说：'先帝变法是为了把国家治理得更好，所以说不定哪天，现在的皇帝陛下就要继述其父之志，对现在的政局有所更改了。'也有可能说：'皇帝继位以来，先朝的旧臣都被赶出去了，如蔡确等人，受顾命，有定策之功，居然也抛弃了，这是什么性质？'"他认为，针对这样的言论预先要有理论上的准备。于是他接着就长篇大论地为太皇太后解释更化以及贬斥熙丰旧臣的合理性问题，还重点反驳了蔡确的所谓"定策之功"。然而他大费周章地针对有可能出现的"邪说"进行理论批驳本身，就说明这些"邪说"可能已经在朝廷上出现，甚至到了可能会影响到赵煦的程度了，所以才不得不防备。甚至可以这样推测，其实刘挚是已经听到了地方上的一些舆论了，所以特意来帘前给皇帝打预防针的——他的大篇论奏，明为讲给太皇太后听，实际是讲给旁边的皇帝听，尽管他也知道皇帝只会坐着听，不会有反应。

在这次见面中，刘挚还提到了朝廷高官们的心态问题。

他认为，自从司马光死后，朝廷上已经难得有担当、肯直言的大臣了。"反而那些怀有二心的人，因为太皇太后的宽容与大度而得以留在朝廷。他们只是暂时把对旧法大臣以及对太皇太后的怨恨隐藏起来，时刻观望，寻找漏洞来破坏更化、为害圣政。他们是看到皇帝一直沉默，对朝政从来不置可否，认为他日圣意可能与太皇太后不一样，那天下之事就说不定会大变了。"所以他希望太皇太后时刻保护帮助、教育开导皇帝，而皇帝又要以史为鉴，明辨忠奸，那样，即使日后万一有什么"异论"，也听不进去，这样才能继承祖宗之业。

刘挚一番话，不知道赵煦有没有听进去，是不是按刘挚所期盼的那样去理解，但很明显，高氏却是听进去了。他说的很多内容，正是她所焦虑的。她开始以怀疑的目光逐一审视帝前奏事的这班高级官员。正在这时，一个倒霉蛋出现了。

御史中丞李常，之前在王安石秉政的时候，十分反对青苗法，因此还被贬官，到元祐时期才重新受到重用。但由于在地方为官多年，有了地方的实践经验后，他也开始感受到某些新法的好处了。前文也说过，元祐元年（1086）开始，虽然高氏对惩处熙丰旧臣比较卖力，对新法在总体上持否定态度，但在对某些新法的具体措施的吸收上，她又是比较开放的。因此，李常在任户部尚书时就曾上奏极论差役对百姓的危害，希望能部分恢复雇役。那一次上书，并没有给他带来祸患。但就在刘挚对高氏说完那番话不久，李常又上奏，说什么"法无新旧，只要便民就是良法；言论无分彼此，经得起时间考验的就是真理"，还说百姓希望能恢复雇役法。这一次，李常马上就被右正言刘安世弹劾。

刘安世认为，他和另一位御史盛陶都是立场不坚定、秉性奸猾的人，曾经与蔡确交好，是被蔡确提拔的，还多次包庇蔡确的弟弟。而且刘安世还进一步警告说，御史台里，很多王安石和蔡确的"党人"，首鼠两端，逐渐破坏圣政与正直的舆论氛围。这番话里，既涉及了立场不坚定的问题，更涉及了蔡确的问题，又正撞上刘挚前几天对高氏说的"蔡确之党"尚在朝内的问题。这一下触动了高氏，把高氏弄得神经紧张。

恰逢这时，蔡确又上书请求让自己移去好一点的地方做官，朝廷上还为此事争论过。

这几件事一凑，让她猛然回想起来，果然反对让蔡确调任美官的只有谏官，而李常所执掌的御史台，一个反对的人都没有，一点反对的声音都没发出过！看来，刘挚与刘安世说的是对的，蔡确在朝中的影响力还不小，朝中果然有蔡确之党啊！

正在她对朝堂之上的官员们感到草木皆兵的时候，吴处厚的举报送上来了，吴安诗的弹劾奏章也到了。

可能是吴处厚的笺注捕风捉影的色彩太浓，理由太牵强，或者是高氏决意看看宰执们的反应，反正高氏一开始并没有表现得很生气。她只是让宰执们自己商量怎么办。宰执们于是决定让蔡确自己上奏章来解释。

但是以宋朝时的交通条件，文书往来要经过好多天，在这段时间里，已经足以酝酿出一场新的风波了。在蔡确的解释尚未送达朝廷的时候，谏官们已经群起弹劾蔡确，其中，谏议大夫梁焘的话起到决定性的作用。因为他把自己入朝任谏议大夫以前，邢恕如何请他经过河阳，如何向他称赞蔡确有策立当今皇帝之功等事情一概捅了出来。这彻底激怒了高氏。她悲愤地在帘后哭着说："当时谁对官家继位曾有异议？官家怎么会不记得？"

这话是对着赵煦说的，可见她非常在意赵煦的想法。见皇帝不作声，她又说："你只去问问太妃！"太妃指赵煦的生母朱氏，在赵煦继位前后，她是一直在场的，也算是证人之一。哭完之后，她已经决心把蔡确往死里整——今后看谁还敢散布惶惑皇帝、诋毁太皇太后的言论！

于是，从元祐四年（1089）三月到六月，在整整三个月里，朝廷动用了大量的最高级别行政资源去讨论此事，大量处于决策层的中央官员被卷入其中。谏官的话越来越激烈，越来越脱离蔡诗的内容，例如说这些诗"怨望之语，臣子所不忍闻者"，这是连吴处厚都笺注不出来的。

但与此同时，理智的官员却也对这样的上纲上线颇有微词。首先站出来的是苏轼。他在神宗时受过文字上捕风捉影之害，对此感同身受。他说，蔡确不是好人，这是天下共知的。如果朝廷对蔡确定的罪过轻，则天下人会认为皇帝陛下看到别人毁谤圣母也不深究，这就有违孝道；但如果处罚得太重，那也会有损太皇太后圣量宽大的名声。所以最好的办法是，皇帝下诏把蔡确扔监狱里，让相关机构好好审问，而太皇太后就出手诏放过他。理由可以说，这样离谱的讪谤，不应该是蔡确写的。这样就可以保存朝廷大体。但苏轼的这种解决办法明显不合高氏之意，因此她并没有理睬他。

负责撰写命令蔡确解释诏书的中书舍人彭汝砺，本来是旧法的坚定支持者，这次也有点看不过去。他认为，蔡确固然是大奸大恶，但是这次的事情却不是因为他之前犯的事，而是因为吴处厚这样一个捕风捉影的小人的攻讦。他怕这样的风气一起，不可收拾。日后如果一个人说了一句话，被人刻意解读了，说他是讪谤时政；有人笑了一下，又被揣度为包藏祸心，那就将掀起无数的刑狱，由此还会败坏风俗，人人相互在文字里寻章摘句，没有止境了。所以他其实不是反对惩治蔡确，只是反对以文字狱的方式去处罚他。

原来，在宋朝，普通的诏书一般由中书舍人负责撰写，但如果被指定负责撰写诏书的中书舍人对诏书的内容不认同，他就可以拒绝执行，这叫"封还词头"。这应该算是宋朝为防止不合理的政令被颁布下去而设的又一道审查程序。彭汝砺向朝廷解释了自己的理由后，就启动了"封还词头"的权力，拒绝了撰写诏书的任务，要求朝廷重新考虑对蔡确的处理办法。

持此意见的大臣应该不少。据王巩回忆，吴处厚笺注的诗送到京城后，被刊登在邸报上，传遍京城内外。当时侍讲孙觉曾问王巩："朝廷会怎么处置呢？"王巩就说："这太难了。之前朝廷诸公都已经极力批评当年李定掀起'乌台诗案'，认为以文字构陷苏轼是小人之举了。"意思就是，现在又用同样手段，那不是把之前说的都吃回去了吗？可见，当时朝中很多中级官僚对此事是不太认同的。而且他们还认为，吴处厚这样罗织害人，如果真要责罚蔡确，那吴处厚也应被黜，以警告那些深文巧诋之人。

但是，无论是苏轼还是彭汝砺，均开始被谏官攻击，认为他们是在"论救"蔡确，并且纷纷对太皇太后说："蔡确的朋党，大半在朝，造播巧言，多方救解。"不幸的是，就在此案爆发的前一个月，继司马光之后最受高氏重用，同时又比较温和的吕公著去世，朝中新的左相吕大防和中书侍郎刘挚都是激进的旧法大臣，他们都主张重罚蔡确；而温和派就剩下威望与受信任程度都比较低的右相范纯仁和尚书左丞王存，他俩都不主张太严厉责罚蔡确。

同时，高氏再一次注意到，御史台又一次缺席了这次对蔡确的弹劾！这进一步证实了太皇太后之前的怀疑。有一次听政，她就直接对执政们说："蔡确的党羽大多还在朝廷里。"范纯仁吓了一跳，连忙说，蔡确并没有朋党留在朝廷。但左相吕大防却支持太皇太后的意见，说："蔡确的确有朋党在朝廷里，纯仁说得不对。"宰相间的态度分裂，太皇太后看在了眼里。

元祐元年（1086）五月，御史中丞李常、侍御史盛陶均因为不同意深责蔡确而被迁官。五月十二日，蔡确责授左中散大夫、守光禄卿、分司南京。因为中书舍人曾肇请假、彭汝砺拒绝写责词，只好临时让起居舍人、权中书舍人王岩叟撰写对蔡确的责词。其实曾肇也不愿意撰写责词，当时还与彭汝砺相约，无论朝廷指定他俩的哪一个，都要封还词头。

但事情还没完。谏官们仍不断上奏，说这个责罚太轻。与此同时，又有殿中侍御史翟思，监察御史赵挺之、王彭年也因为不肯弹劾蔡确而被外放地方。

五月中旬，宰辅们又在帘前商议蔡确一事。左相吕大防和中书侍郎刘挚均支持继续痛贬蔡确。但范纯仁却认为，现在是圣政之朝，应该力求宽厚，不可以用语言文字之间、暧昧不明之过去诛窜大臣。如果今日之举成为后人效仿的榜样，后果不堪设想。他可能也不明白，为什么当年主动提出要颁发和解诏书的太皇太后，今日却抓住蔡确不放。王存则是因为前几天在帘前听到太后与吕大防分别说蔡确在朝廷里有朋党而感到寒心。他认为如果这样抓"朋党"的话，极容易伤及无辜。他认为，王安石当日就是因为喜同恶异，导致善恶不分，压制舆论，至今大家都不太敢说话，这正是我们做大臣的要引以为戒的。因此他劝说道："现在蔡确之罪，自然有国家典刑可以治理他，但希望朝廷不要推治'党人'，顺藤摸瓜一样牵扯越来越多的人进来。"

终于，到五月十八日，又是一个垂帘日，执政正在帘前奏事，帘内忽然传来太皇太后冰冷的一句话："蔡确可以做英州别驾、新州安置。"这时，连主张极力责罚蔡确的吕大防及刘挚等人，都觉得过分了。

在宋朝，贬官过岭南，意味着必死无疑，而且还是在极恶劣的条件下，在身心折磨中慢慢地死去。本朝已经近百年没有做出把宰相贬过岭南的事了，更何况是已经辞位近三年的前宰相，就算是在旧法大臣们深恶痛绝的王安石秉政时期，也不曾发生过这样的事情。刘挚于是以蔡确母亲年老为由，为蔡确求情，而吕大防则说，蔡确毕竟是先帝时的大臣，希望不要把他贬过南岭。太皇太后斩钉截铁地说："山可移，此州不可移。"足见她对蔡确已经愤恨到什么程度，一向张口就提祖宗之法的高氏，这会儿也不管"不杀大臣"的祖宗之法了。

吕大防等人再不敢说话，默默地在帘前画了"可"字。只有范纯仁和王存不肯走，试图进一步劝说进说，认为不宜置蔡确于死地，但完全没有起到效果。范纯仁急起来甚至开始寻求从来不说话的皇帝的帮助，急切地向着赵煦坐的方向道："禀告官家，请劝劝太皇太后吧！"但赵煦与往常一样，一句话也没有说。

从太皇太后那里出来，范纯仁神色惨然，他对吕大防叹了口气说："从京师到岭南的流放之路，已经七八十年没人走，现在已经布满荆棘了。奈何今天要重启它？此路一开，就怕咱们日后也会不免要走这条路啊！"

此句一语成谶。

日后，哲宗、徽宗以"绍述"之名，重启此路，多少臣僚络绎而往，今日扣在蔡确等人头上的"奸邪""怨望""讪谤"等帽子又被一一反扣到元祐大臣们的身上。真所谓"始作俑者，其无后乎"？

然而，范纯仁等人没想到的是，更恐怖的还在后面。第二天，又一个诏令出来，让入内内侍省差一名宦官，再由吏部差一名三班使臣（属武选官），一起送蔡确到新州（今广东省新兴市），交割完才回朝。执政们一听，简直脊背发凉。要知道，前一天他们一起在帘前商议的时候，太皇太后的安排还是划拨递马给蔡确，让沿路州军差承务郎以上官员接送，当时宰执们还因此感到庆幸。为什么呢？我们如果回想一下《水浒传》里关于运送囚犯的描写就可以理解了。这万里之遥，人犯的性命其实是交到押送人员手里的。如果是用马递，由沿路州军接送，那些毕竟都是文官体制内的资源与人员，而且承务郎又是文官，由他们押送，蔡确尚不至于有生命危险。但现在却换成了一名内侍，一名武选官，而且不是一站接着一站地送，而是一路护送！

这下，连弹劾蔡确最有力的梁焘、吴安诗都感到了不安。他俩本想与范祖禹、刘安世及傅尧俞、朱光庭等人一起论列救他，但又想到自己之前骂蔡确骂得那么凶，现在又救他，成何体统？犹豫了半天不敢上前，于是去找范纯仁。范纯仁说，我也不敢讲啊！终于，还是刘挚开了口，答应等明天再次垂帘时由他去讲。结果太皇太后坚决不改命，范纯仁又没忍住，和她争论了起来。最后，范纯仁无可奈何了，只好说，臣不敢不奉诏，只求陛下不要让内臣押解他。太皇太后问，为什么？范纯仁于是对她讲了曹利用的故事。原来，曹利用是宋真宗时的首相，仁宗继位后，刘太后垂帘秉政，他得罪了刘太后和她身边的宦官，被贬为房州（今湖北房县）安置，由宦官押送。结果就在流放途中，宦官拿话威逼他，他愤而自杀。太皇太后高氏听范纯仁这样讲，终于说："放心吧，我决不杀他，就让他自生自灭。"

范纯仁感到十分疲惫。他默默不语地走出那个他已经出入数年的延和殿。他已经尽力了。他知道自己这样做并不是为了论救蔡确。作为旧法大臣中的一员，他对蔡确还真没什么好感，只是，他与其他反对此事的官员想法一样——皇帝赵煦已经十五岁了，如果此时还对声称有定策之功的前朝重臣下此毒手，日后遭殃的会是谁呢？他感到困惑，太皇太后还是三年前那个主动提出和解，并向自己咨询意见的太皇太后吗？他所不知道的是，三年前高氏面对的吕惠卿等案，由于与她自己的权威与名声都无关，因此面对不依不饶的台谏，她当然会感到厌烦，感到他们过分。但只要是可能动摇到她权威的人与事，如章惇，如蔡确，她就只能让事情一再脱离理性分析的轨道。有一次她声泪俱下地对与三省一同入对的平章军国重事文彦博说道："蔡确的事情，都没人管了，如果司马光在的话，一定不会让这种事情发生的！"一时间从文彦博到宰相、副宰相，面面相觑，没有一个敢接话的。但问题是，按司马光平日里的做法，他就真会认同高氏对蔡确的处理吗？

　　不久，范纯仁、王存两位宰相、副相，以及那些不愿弹劾蔡确的御史，全部被逐，早前已经被移除出御史中丞位置的李常进一步被外放为邓州知州；中书舍人彭汝砺因封还过责降蔡确的词头，也被责降徐州知州。另一位中书舍人曾肇虽然没有参与封还词头，但他曾与彭汝砺相约封还词头，后来只是因为病假而躲过了这个任务，现在看到同僚彭汝砺因为封还词头并反复劝谏朝廷而被责降，于是曾肇也不愿再安坐于朝廷，自请补外。他被外放为知颍州。

　　"车盖亭诗案"到此似乎告一段落了。表面上，这似乎是朝廷对一个已经卸任三年多的前宰相非理性的穷追猛打，但实际上它对于高氏与吕大防为首的激进旧派大臣来说，却各有意义。

　　对于高氏来说，这是一个标志性的事件，对蔡确的打击除了最终确定了她对朝政无可争辩的主导权外，也向身边的赵煦传递了一个信号——她在他继位过程中的决定性作用不容置疑。同时，她认为自己也借这次斗争，把那些坚定地站在她这一边的人筛选了出来。

　　这些由她亲自挑选的，继司马光、吕公著之后被认定为新一代更化重臣的人，对她的心结也非常清楚。在这件事情之后的很长的一段时间里，他们经常在她面前提起哲宗继位的过程：当初太皇太后是怎么站在先帝的病榻前，怎么抱着赵煦给先帝看，怎么请先帝给皇子"转官"的；在这个过程中，见证者有谁，他们又说了什么话。所有一切，他们都在帘前反复地向太皇太后请教，而太皇太后也不厌其烦地描绘，细节越来越多。他们这样做的意图，表面上是为了弄清事实，好作记录，作为撰写实录的素材，但实际上，明显是为了讲给赵煦听的。

至于那些积极推动痛责蔡确的臣僚，其实他们也并非与蔡氏有何深仇大恨。他们针对的甚至都不是蔡确，而是尚在朝中的温和派，以及在温和派的主张下出台的一系列具有熙丰色彩的措施。吕大防、刘挚、王岩叟等人也只是利用了太皇太后的焦虑与愤怒，把那些不够坚定地走元祐路线的大臣如范纯仁、王存、李常等人赶出朝廷，以使更化的动作遇到更少的掣肘。

因此，高氏和新一代的元祐大臣们，虽然目的不太一致，但要实现这些目标的路径却是一致的，那就是必须把蔡确及同情蔡确，甚至只是不主张深贬蔡确的人作为祭品。

元祐朝廷大换血终于完成，历史就这样把大宋这驾马车的缰绳交到了这个极其看重自己名声与权威的太皇太后的手上，她把以吕大防、刘挚、王岩叟等更激进的臣僚为代表的新一代元祐重臣视为新的老师，请上了马车，而只要持中庸意见、试图调整它的方向、减缓它更化速度的大臣，都被它的车轮撞飞。更化的马车，正加速冲向未知的前方。

元祐四年（1089）五月十九日，左谏议大夫梁焘、右司谏吴安诗受到太皇太后的召见，对他们大加称奖，说："你们在此事上极其有功，如果你们进谏、言事都像这样，上天一定会保佑你的！"

这时，她缓缓把目光穿过半透的竹帘，帘前帘后侍立的，都是她所信任的人。终于，那些危险的"蔡确之党"都清走了，现在围绕着她的，都是能与她同心同德的人了。

是吗？

不知道她有没有留意到，与她同在帘后，离她最近的地方，她的孙子，正以让人心寒的眼光看着她，默默不语。

二、致君尧舜

神宗元丰年间，刘安世去见他的老师司马光。司马光对他说："王安石刚执政的时候，往日和他意气相投的刚直严厉的士大夫，他已经逐渐不再任用，但仍能重用一些中立之士，也就是比较温和的如李常、孙觉等人。后来连这些中立之士都不能用了，他把他们都排斥出朝廷。"他认为，王安石无法容纳不同意见的人，最终朝廷中就只剩下溜须拍马、争功冒进的小人，这是导致新法弊病的重要原因。然而，历史就像给"中立之士"李常、孙觉等人开了个玩笑。他们也许没想到，他们在熙丰时被弃绝，在号称君子当政的元祐时期，也同样不被接纳。历史更是给大宋皇朝开了个玩笑。若站在元祐四年（1089）以后的朝廷回看，那个被范纯仁指为"又一个王介甫也"的司马相公，已经是元祐时期最宽容的首相了；由那个让苏轼愤愤不平的"司马牛"主政的元丰末、元祐初，已经是元祐年间最能优容中立之士、朝廷内最平静的时期了。"车盖亭诗案"之后的元祐朝廷，又何尝不是"连中立之士也不能用"？甚至与熙丰时期相比，大有过之。

在清除出一切温和中立之士后，高氏在新一批元祐重臣的指引下，开始大举清除新法的残余影响。

只是，他们没有料到的是，实践总能给那些纸上谈兵之徒以响亮的耳光，而且这耳光还会来得很快。

元祐四年（1089）七月，京东、京西、淮南、河北、利州、河东路，以及环、复、密、济、黄、滑、唐、陈、邓、郑、秦、瀛、定州，河阳、颖昌府等地的官府中的吏人，出现了大面积的诉讼、罢工、罢雇现象，全国只有江南东西、两浙、福建、广南东西这几个路的吏人是足额的，其他路分，均出现不同程度的缺额现象。为什么会出现这样的现象？如果观察自从元祐四年（1089）五月"车盖亭诗案"尘埃落定之后，朝廷新出台的役法政策，就不难得到答案。

元祐元年（1086）三月至元祐三年（1088）九月间，主管役法的户部尚书是李常。上文也说过，李常虽然是旧法大臣，在熙宁初"最为异论"，曾遭到"痛贬"，但是，当他被贬到地方为官，参与过新法的推行后，对新法却有了新的认识。

元祐时，李常受吕公著、苏轼等人推赏得以还朝，在任户部尚书期间，他在役法上参用新旧。在他的建议下，朝廷在元祐三年（1088）制定了比较详细的衙前招募与补贴规章，并且要求各路要优先用自愿报名的衙前，而不是强制轮差，这其实是从实质上"继述"了熙宁役法的初衷。所以苏辙说，元祐三年（1088）时所颁布的衙前办法，"颇已完备，亦近人情"。

但是，后来李常因被卷入蔡确诗案而离开了朝廷，于是人亡政息，到元祐四年（1089）时，新的衙前条例出来，大幅削减了衙前减免役钱的额度。以前，凡自愿投充衙前的，可以全免役钱，那对于一些要交几百贯役钱的富户来说，有利可图，所以较多人去投充衙前。但是，现在规定所免役钱最多不能超过二十贯，那无疑把一大批有钱、有能力充任衙前的富户排除出自愿投名人的行列。而且，新规把衙前的固定工资减半，说是要把这些节约下来的钱用于补贴重活累活，可是，重活累活不是常常有。于是，投充衙前后，如果一整年都没有拿到能达到"重难"级别的活儿，那么就意味着自己的工资减半了。这也大大降低了普通民户报名的意愿。

说到助役钱，元祐四年（1089）时也有相当大的变动。按熙宁以前的所谓"嘉祐旧法"，在轮差的状态下，一般一户人大约五六年就要被轮差去官府服役两年。也就是大约是服役两年，休息三年。当然，如果你所在的州县，有钱人少，就意味着可以轮差应役的人就少，那就有可能年年都轮到，你就不可能待在家里好好种地了。这也是当时基层对差役民怨沸腾、神宗立志要出台免役法的原因之一。所以到神宗统治时期，收了役钱，雇人在州县服役，民户是基本不用再在州县应役了。在元祐四年（1089）以前，由于李常等大臣的支持，助役钱也可以用于补助州县役，所以其实州县役也能找到足够自愿帮人代役的人，少有轮差乡户。但到元祐四年（1089），朝廷新规：收回来的助役钱，不能直接去雇人。州县要先轮差乡户，如果当地差役需求很大，上户很少，导致上户应役年满后休息不到三年，那也不能动用役钱雇人，要先轮差次一等户，也就是相对穷一点的人；如果穷一点的人也休息不到三年，那就轮差再穷一点的人，直到所有主户都轮遍了，还无法休息三年，这才能动用役钱。而且役钱的补助范围也从州县役缩小为州役。也就是，大量的县邑役人就失去了工资。难怪他们要罢工、辞职甚至发起诉讼了。

那么，朝廷减少对衙前的补贴，又克扣州县役的工资，这节省下来的钱去了哪里呢？答案是：又被朝廷收走了。御史中丞苏辙对此感到极为不解：在熙丰时期，从来没听说过衙前、州县招不够代役人，为什么呢？因为雇钱足够啊！现在朝廷既收役钱，又不用于雇役，被我们批为搜刮民财的熙丰时期都不敢这么做啊！况且朝廷一再说，衙前法令是要恢复仁宗时期的嘉祐之法，但是，即使是仁宗嘉祐时期，当时并没有什么助役钱之类的收入，全靠设立专卖物产的坊场利润和在河渡口收的税来补助衙前，那也没有把这些坊场河渡的收入挪作他用的先例。更何况现在还部分恢复征收了一些役钱呢，却反而捂着不用，把它们划归朝廷，这是什么道理？

梓州路转运副使吕陶也对朝廷不用役钱雇募县役颇有微词。他说，我们梓州路的役钱多出来三万一千多贯，就算是拿它来补助完县役，还有一万八千多贯的余钱，不明白朝廷为什么不允许我们补助县役。

知陕州吕大忠也反映，陕州差役极重，民户无法休息，自从到任以来，"士莫不窃议于其家，农莫不窃议于其野，人人共知"。

可见蔡确诗案的后果在元祐四年（1089）后期已经开始显露出来：相对务实、有实际工作经验的官员离开了，以恢复嘉祐旧法为理想，甚至只为反对熙丰之政而反对新法的官员布列于朝廷，其结果就是，由于他们需要刻意避开熙丰做法，这相当于主动去除掉一些相当重要的政策工具；同时他们既不了解基层行政与财政运行困境，也不承认新法出台的初心是为了解决这些问题，因此当他们只是出于对儒家学说的机械理解，甚至只是为了党争的需要而去废止新法的时候，他们制定的措施就制造出了更多的问题。

除了役法的变动搞得州县骚动，常平仓法的恢复也并没有达到预期的效果。

元祐元年（1086）开始，由于司马光等人的坚持，朝廷在法律上废止了青苗法，说要恢复嘉祐时期的常平仓法。青苗法与常平仓法最大的区别是：青苗法是官府在每年青黄不接的时候，由官府放贷铜钱给民户，到收获粮食后还给官府，收百分之二十的利息。据说这是针对民间借贷的高息导致的贫富分化、土地兼并问题而出台的。当然，青苗法本身也包括一些平抑物价的措施，如官府利用官仓设施与青苗钱，丰年时以稍高于市场价的价格收储粮食，荒年时则以低于市场价的价格出粜粮食等。青苗钱与平籴的本钱有时是可以融通利用的，而传统的常平仓法则只有贱买贵卖这一种方法。元祐大臣认为，官府借贷是与民争利，有失体统；而且出息二分，即收百分之二十的利息，只是纸面上的规定，农民一旦真的借贷，借的时候受到官吏克扣，还的时候受到官吏刁难，所付出的远远不止二分之息；再者，穷人想借钱，官府又怕他们还不上，富户不需要借钱，但官府觉得他们的信用好，又要迫着他们借，所以引起很多的社会问题，因此元祐初年对青苗钱的废止比较顺利。

但到元祐六年（1091）七月，御史中丞赵君锡反映，自从青苗法废除之后，州县失去了通过借贷在青黄不接时期帮助百姓的权力，也没有了平抑物价的动力。虽然法令也规定丰年时常平仓收籴数量多的州县有奖，但是地方官府却"政事苟且，虽有上条，止同虚文"。每年丰收的时候，豪宗大姓就大量贱买农民的粮食，囤积居奇，到水旱灾害或是饥荒时候，他们就抬高粮价，不顾百姓生死。赵君锡说，二圣临朝，体恤民间疾苦，蠲免的赋税尤其多，按道理说，经济应该就能慢慢复苏，但是近年来，极目所见，却是物力凋敝，比熙宁、元丰之间还惨烈。现在百姓已经想恢复青苗之法而不可得了。作为旧法大臣，赵君锡把这种窘况归咎于地方官府的不作为，但实际上，新法恰恰是由于从北宋开国以来的积弊到神宗时已经严重影响统治基础，已经到不得不改的地步才出台的，现在把这些新法取消，恢复到当年充满问题的旧法，这问题就能自然解决吗？这只会是缘木求鱼的天真想法。

这就是元祐重臣在摆脱了温和派的掣肘、完全按自己的心意去治国理政数年后的效果——地方官员得不到应有的激励，极为懈怠，基层社会更加疲惫，经济发展愈加停滞。

与此同时，蔡确诗案也并未如刘挚等人的预期那样，以朝野思想的统一而结束。蔡确被贬岭南，当时在场的宰辅们都觉得触目惊心，那么当时并不在场，没有资格参与讨论的普通官员们又是怎么看这件事的呢？

在元祐三年（1088）曾任吏部侍郎兼侍讲，又曾任御史中丞的孙觉，在蔡确诗案爆发时已经因病解职，所以并未卷入这场风波中。但他也曾任御史中丞，深知朝政之凶险。当看到蔡确被贬英州，李常、盛陶等御史也因此受累，忍不住把他的好朋友王巩拉进一个静僻的地方，脸色惨怛地说："太皇太后居于九重之内，哪知道有什么英州、新州啊！一定有人给她做了参谋。"他也不认同深贬蔡确。

当时被邢恕邀请到河阳去为蔡确造势的，除了后来向朝廷举报的梁焘，还有司马光的儿子司马康。但当朝廷召问此事时，司马康却推说当时肚子很饿，酒又喝多了，自己一味贪吃，什么都没听到。

这些都似乎反映了这一批倾向旧法的中层官员，就算是力求明哲保身者，也难免对蔡确与邢恕的遭遇有点物伤其类之感。毕竟在宋代已经立国百余年，官场关系盘根错节的当下，谁也难以保证自己永远可以置身事外。

当然，最大的不确定性，其实来自皇帝赵煦。

赵煦已经十五岁了。如果是普通皇子的话，都已经到了要搬离皇宫，独自主持一座王府并且要尽快成家的年龄了。但是，本应日理万机的皇帝，却临朝"渊默谦恭，未甚可否朝政"，也就是对朝政完全沉默，完全不表示态度与意见。他为什么不作声？他的沉默，表示他完全认同太皇太后和元祐重臣们的做法吗？

其实，赵煦的沉默是从他八岁的时候就开始了的。元丰八年（1085）六月，那时他刚过了八岁不久，吕公著入朝，就发现这孩子登基一个多月来，"临朝穆穆"，也就是肃穆而不作声。这对于一个孩子来说，的确是很少见的。吕公著把这称为"有君人之度"。但是，不说话是赵煦的天性，或者是他毫无主见的表现，甚至是由于他的智力有问题吗？似乎都不是。

到赵煦亲政之后，当时已经重新入朝的熙丰旧臣曾布，无论是任职翰林学士还是知枢密院、宰相，都有很多机会能见到赵煦。他在《日录》里记下了自己与赵煦以及其他大臣在共对时的言行。可惜《日录》后来散佚大半，只剩下元符年间的几卷。但即使是在这剩下的几卷里，我们也大致可以窥见赵煦与臣僚们相谈甚欢的时光。

例如元符二年（1099）三月的一天，曾布奏对的时候提起大臣们推荐的人，其中提到彭汝砺。曾布认为此人可用，还说蔡卞也有同感，只是章惇认为彭汝砺不该对人称颂自己的哥哥。说彭汝砺说他哥哥任徐州知州的时候，曾成功劝谕别人不去做盗贼。哲宗笑着插话道："难道强盗还能听劝，自动放弃做强盗吗？恐怕是夸张吧？"

再如四月份，赵煦对三省枢密院的长官说："章惇极力请辞相位，昨天对苏珪说着说着还哭了，今天又有札子来说要辞职。不知道他为什么那么坚决地要不干呢？"三省大臣回答说："他说：'我章惇不像别人，说要走就得走。'前天也写信请我们为他说话。"曾布说："我也有书简一封，就在这里，容我进呈给陛下您看看吧。"赵煦就笑了："这书简以你们的名义呈上来，但应该都是章惇自己写的吧？"大家都说，是呀。君臣会心而笑。

总之，在曾布的记录里，二十出头的哲宗，聪敏、幽默、决断，他以"笑曰""大笑曰"来记录赵煦说话的情况俯拾皆是。这与元祐时期的"穆穆""恭默听政"的他判若两人。

为什么会出现这种情况？崇政殿说书程颐的一些话或可窥斑见豹。

程颐是元祐元年（1086）闰二月奉诏入京，成为崇政殿说书的。当时赵煦刚过九周岁。程颐从来没有做过官，只因门下侍郎司马光、尚书左丞吕公著及西京留守韩绛等人与他相交多年，对其推崇备至，加上台谏王岩叟、朱光庭等人也向太皇太后力荐，因此数月间从一介平民出职为汝州团练推官、西京国子监教授，不久官阶升为承奉郎，很快又接到朝廷诏令，特许他乘官府的递马进京朝见太皇太后与皇帝，同时官阶升三级为宣德郎，职务升为校书郎；紧接着官阶又升为通直郎，同时任命他为崇政殿说书。

程颐从一介布衣被迅速擢升，直至成为皇帝的经筵教师，其间仅经历三个月左右。这意味着他几乎完全没有经历过宋代官场的浸淫与历练，在进入时时可以面见皇帝、影响皇帝权力的核心圈的时候，尚未洗脱身为平民时的关切与视角，因此，那些别的官员视若无睹、认为理所当然的官场惯例，在他看来却是非常新奇甚至是震撼的。于是，关于他的记录就为我们观察哲宗赵煦所处的环境提供了一个全新的视角。

在他眼里，九岁的赵煦每日所处的是一个怎样的环境呢？皇帝逢双日要到延和殿垂帘听政，所以作为皇帝教育主要形式的"经筵"就要隔天在迩英殿进行。但在经筵上，讲官不能落座，只能站着以下级向上级汇报的姿势向皇帝讲经。而且，讲读官还不止一名，加上内侍，近三十人挤在一个小小的殿内。据程颐说，迩英殿的面积比较狭小，殿内人群的密集程度，使得即使是春天三月天气凉爽的时节，讲官都会汗流浃背。再者，这三十人的目光都集中在皇帝身上，更让人紧张的是，旁边还站着一个史官，但凡皇帝讲了什么、做了什么，他都在那里奋笔疾书，把皇帝的言行记录下来，还要拿去给相关官员审查、送秘书省造册。此外，每十日还有一次宰相参与的经筵，但宰相只是默默坐在那里，成为实际上的督学。

程颐抱怨说，作为孩童的皇帝，前面有德高望重的宰相坐着，旁边立着史官，动辄就记录下来，就算皇帝想有些新想法、新问题，他敢提出、敢问吗？从他侍经筵以来所见，每次经筵，一圈大臣在后面拱手默然端坐，轮到要讲读的官员则站在皇帝的书桌旁，用手指着几行经书，解释几行就后退，轮到别的讲官上来。而皇帝在这样的氛围里，也是一路沉默……

与久经官场的其他官员不同，程颐是站在教育者的角度去看待赵煦这个学生的。他认为，经筵讲习本是探讨学术、求知问学的场所，本应具有闲居安然的宽松气氛，这样才能鼓励皇帝有所思考、自由发问，而老师也才可以据此启发与引导。为了劝诱沉默的赵煦表达自己的意见，他甚至还建议朝廷，在臣僚的家中选取两三个十岁上下、举止端正谨饬、聪明颖悟的子弟，作为皇帝的学伴，以便在学习时，与皇帝在竞争与模仿中相互启发、相互促进。此外，他还设想过对这些孩子的教育原则：在内侍与宫女中找几位年纪大的老成之人随护，学习的时候，如果他们只是开开玩笑、打打闹闹之类，就不禁止，只有言行出格了，才去劝导。

这些观点，在现在看来，都是非常符合孩童的天性与教育规律的，如果宋廷果然如此执行，对哲宗的身心成长无疑会更好。但问题是，这些教育理念在普通官宦人家也许真的可以试行，但是，赵煦却不是普通孩子，他是皇帝，是众多利益所系，是众多政治集团所争夺的对象。他的一举一动怎么能不被放在放大镜底下观察、分析、引导、利用呢？无论是高氏还是她重用的元祐大臣，都不可能让赵煦和讲读官们在"私人"的、宽松环境下，自由自在地讲读、谈论。所以，不但程颐的建议马上被传为笑柄，成为他不懂规矩的口实，而且程颐、苏轼等讲读官所讲的内容也一再地被台谏官罗织分析，挖掘出把柄，然后反复弹劾。

如因为程颐说过迩英殿太窄小湿热，不利于皇帝的身体，建议把经筵搬到宽凉一点儿的地方去进行，就被吕陶弹劾说他不严君臣之分；因为从经义引申到为政之道，就被左谏议大夫孔文仲弹劾说他"泛滥援引"；赵煦因咳嗽请病假，病后复学时，程颐关心地问候了他一句，也被孔文仲弹劾，说：学士以下侍讲读者六七人，程颐的官最小，他却居然敢越级去问候圣体，僭越得太过分了！更夸张的是，孔文仲还拿唐朝时的讲读官王伾、王叔文、李训、郑注的事来与程颐类比，说程颐日后一定会酿成永贞之乱、甘露之变。

永贞之乱是唐顺宗时候的事。唐顺宗依靠自己当年的老师王叔文、王伾为首的朝臣针对宦官专权、藩镇割据的危险局面进行改革，但其间顺宗中风，反对改革的太子掌权，推翻了这次变革，酿成了包括刘禹锡和柳宗元在内的多名官员被贬的"二王八司马"事件。甘露之变是指唐文宗联合包括老师李训、郑注在内的文官集团以观露为名，想要诛杀宦官，却被"反杀"，导致大批朝廷重要官员及其家人被诛杀的事件。这些唐朝皇帝所倚重的，都是他们的老师，最后所酿成的，是朝局的大动荡，孔文仲以此类比程颐，其危言耸听的意味十分明显。朝中某些大臣对程颐的反感，可能与熙丰时期旧法大臣排挤新法大臣，说他们是"险躁""新进少年"的心态类似，这些官员不是仕宦之家就是科举高第入仕，看不得程颐既没门荫，又没中进士，就从布衣骤然升至皇帝侍从这样的高位。

但程颐的对头、著名的文豪苏轼的处境也没好到哪里去。苏轼负责为赵煦讲读汉唐史事，结果被监察御史王彭年弹劾，说他"邪伪险薄"，讲的都是皇帝杀戮臣下，以及大臣不禀诏令之类的事，说苏轼是"密藏意旨，以进奸说"，说不定哪天就会"离间陛下骨肉，或是离间陛下君臣"。

程颐问候一下皇帝，就被说成会酿成永贞之乱、甘露之变；而苏轼讲讲前朝故事，也被怀疑可能会进一步离间祖母与孙子、君与臣关系。这类牵强附会的指控，更多地说明了不同的势力集团是如何紧盯着这群能时时亲近、教导皇帝的经筵官的。他们受攻击，与其说是因为自己的问题，不如说是因为与他们有矛盾的政治集团想要通过罗织罪名，把他们调离这个关键位置，以安插自己的人。所以，无论谁担任未成年皇帝的经筵官，恐怕都要承担为作众矢之的的风险。

从另一个角度看，这样的政治氛围对赵煦会造成怎样的影响呢？对于官员们来说，攻击经筵官只是为了政治斗争的需要，对经筵官的一言一行掰开揉碎了去找瑕疵，然后上纲上线对他们进行从学术到道德上的全方位攻击，本是正常操作。但对于小皇帝来说，这些都是他的老师，在儒家尊师重道的环境长大的孩子眼中，老师本应是他在道德与学问上的榜样。而这些老师在赵煦面前也都是以言行庄重的君子形象出现的。如果这些老师头一天还在那里侃侃而谈，教导赵煦要选择忠信之人，读圣人书，行圣人道，要以史为鉴、要成为明君，第二天就被言官诋毁说他们"人品纤污，天资憸巧，贪黩请求，元无乡曲之行"；"奔走交结，常公卿之门"——那赵煦究竟信谁好呢？而且，他名义上还是这些老师的上司，他一定目睹过当他们知道自己被弹劾的时候，这些老师是如何一改平日的平和谦冲，如何激动地上章抗辩，甚至如何通过递交辞呈来表达不满的。他对自己的这个老师个群体又会生出一种什么想法？反观自己，他自己的一举一动都要受到上自宰执、下至随扈的"老成"宫人的"劝谏"，而他却既没有反驳的理论功底，也没有辞职的权利，只能"谦虚"地听着。他心里能不愤懑吗？

其实，也不是没有大臣意识到朝堂之上大臣互相攻讦对小皇帝的影响。如吕公著在反对太皇太后因怒而贬降言官贾易的时候，就提醒她，皇帝在看着呢，如果因为讲得没道理就贬责言官，皇帝日后变本加厉怎么办？暂时阻止了高氏对贾易的贬黜。

中书舍人彭汝砺也曾说，皇帝还小，嗜好未定，所以太皇太后的一言一行，每一个决策，都有可能被皇帝模仿。现在朝廷之中充斥告讦、朋党之言，而皇帝眼中又看到太皇太后的疑怒之心，这样的先例一开，日后皇帝也有样学样，那就将出现难以控制的灾难了。他当时是想劝太皇太后在处理蔡确问题时一定要慎重，不要意气用事。只是那一次高氏没有听。于是彭汝砺所担心的事，在多年以后果然出现了。

赵煦不但在朝堂与经筵之上受到严密监视，即使是真正应该放松的后宫，大臣们都想方设法把对皇帝的期望与教导延伸到那里。也就是说，他是受到每天十二个时辰无死角的监控的。

之所以会这样，主要是因为大臣们认为，赵煦正是自己实现"致君尧舜"的政治理想的最好实验对象。

所谓"致君尧舜"，指的是大臣们通过在经筵上的劝导、对皇帝处理政事时的建议以及对皇帝日常行为匡正，使皇帝达到古代圣君的道德标准。

此前英宗、神宗继位的时候已经成年，性情与偏好已定，对各种事情已经颇有主见，因此当群臣试图以某种标准去塑造他们时，往往无法奏效。但现在哲宗则是冲幼登基，可塑性强，像一张白纸，正可在上面塑造他们理想的政治蓝图。而且，士大夫们最推崇的仁宗统治时期，恰恰也是皇帝幼年继位，由刘太后垂帘。所以他们认为这是一个极好的机遇。如果他们能积极参与皇帝的教育事宜，那么即使不能把哲宗塑造成古代圣君，也至少有希望恢复到他们理想中的仁宗"嘉祐之治"的状态。于是，元祐重臣们把皇帝的全部生活环境，视为一个需要大臣们深度参与的政治场域，在他们眼里，皇帝一言一动都是政治，都不可称之为私事。

从赵煦继位开始，司马光等宰执就已经开始帮赵煦物色说书、侍读、侍讲等"帝师"。司马光早在元丰八年（1085）时，就已经极力向太皇太后推荐吕公著、程颐、韩维、范纯仁等人，作为赵煦的师保。他们都是与司马光的为政理念相近，而在经学等方面的修养为众人所推服的人。而这些被选上的经筵讲读官，也开始了对赵煦教育的全面参与。

首先是生活方式的选择。元祐元年（1086）三月，程颐刚被任命为崇政殿说书，他当时认为自己被越级提拔得太厉害，所以上章三道，提出自己对培养皇帝的设想，希望太皇太后先看看，只当太皇太后认同自己的教育理念，自己才接受任命。

这三道奏章中的第一与第二道，都强调在生活上对皇帝品德的涵养熏陶。他建议朝廷遴选贤德之士，在经筵讲读完之后，白天留两人，晚上留一人在皇宫值班，皇帝随时有问题，就可以向他们请教。此外，宫廷里侍候的宫女、内侍，都要选年龄在四十五岁以上、为人温厚稳重、谨慎小心的人。皇帝平时的被服、日用品都要质朴，不要让皇帝看到那些奢侈华丽的东西，听到浅俗的语言。另外，要选取十名内侍，每日负责在经筵上伺候，到皇帝进入内宫后，他们就负责记录皇帝的言行，向经筵官报告，这样，经筵官可以随时针对皇帝在内廷的不妥当的言行进行规谏。可见，程颐虽然希望经筵上能多一点学术氛围，少一点政治气氛，但他也并不认为后宫之中就是赵煦完全的私人空间。至少他认为，作为皇帝老师的经筵官，对皇帝的指导及至生活小节是应该的。而其他大臣更觉得，无论是后宫还是经筵，都应该是政治场域，皇帝不是普通人，他的言行关乎国运，所以他们去关心与评价、引导也是理所当然。

元祐二年（1087）六月，神宗的丧期快要结束，著作佐郎兼侍讲范祖禹就上疏太皇太后，提醒她注意，丧期结束后，一切服饰器用都要换新的，这时就是引导皇帝向奢侈还是节俭的开始。所以他认为宫中所有珠玑金玉、锦绣衣物，凡是可以荡心悦目的东西，都不宜比以前增加。因为皇帝刚刚开始学习儒家学问，个性未定，如果天天看到的都是奢侈品，那他就容易走上骄奢淫逸的道路，如果他天天所见都是朴素的装饰与日用品，那他就能崇尚俭朴，整饬后宫。他还说："我听说宫中已经从奉宸库取出珠子六十斤，户部为了举办仪式已经用了三千六百两黄金，这不为不多了！"希望太皇太后防患于未然。

太皇太后显然对这些朝臣的劝说言听计从。

有一次，赵煦在盥洗的时候，发现一堆蚂蚁，他避开没有去伤害它们，结果数日之内，不止一位大臣对此发表议论，希望他能把这种"小善"发展为大善，把对虫蚁的仁延伸到对百姓的仁。但大臣们是怎么知道他这点小动作的呢？可见，应该是程颐的让内臣向经筵官报告皇帝言行的建议起了作用。

哲宗在元祐初曾对章惇回忆说，小时候贴身侍候他的宫嫔有二十来人，全部都是年长的中老年人。而哲宗的弟弟徽宗回忆，他小时候和哲宗最合得来，俩人一起生活，所用的餐具都是以陶瓷为主，极少用金器。可见高氏是很认真地落实了这些大臣的提议的。

在这里不得不说说太皇太后高氏在赵煦早年的教育中所扮演的角色。高氏之所以在宋人的记载里评价如此好，地位如此高，大概与她和儒臣们的合作愉快有关。其实，除了对于破坏自己权威的章惇、蔡确等人的处理是明显出于己见外，其他的时间里，她是谦和的，也是很能听得进意见的，有时甚至有点"耳朵软"。所以有时一个大臣的意见进入，她发了诏令，被言官一说，她觉得有道理，于是马上又更改前命。我们有时会发现，元祐时期经常出现朝令夕改、政策迁延不定的现象，这其实也是因为她对于朝廷各项政策并不固执己见。这对于下面执行政策的人来说自然比较痛苦，但这种特点也使她与大臣们的关系相对和谐。而在对赵煦的教育方面，她更是大臣们意志的忠实配合者。这从元祐四年（1089）她与朝臣们的一次互动可以看出来。

元祐四年（1089）十二月，快过年的时候，给事中范祖禹突然向皇帝递上一封长长的奏章。要知道，在当时，奏章一般都是呈给太皇太后、皇帝一起接收的。现在，曾为侍讲的范祖禹单独给皇帝一通奏章，他想说些什么呢？

他一开始说，自己任经筵官多年，觉得皇帝待他始终如一，从未有差错。但是，陛下从九岁登基到现在，国家从人心惶惶到内外晏然，都是靠太皇太后扶持。您应该如何报答她呢？只有在道德上修为自己，在身体上爱惜自己啊！皇帝有德，大家都会称颂说，这真是祖宗之德，也是太皇太后之功；皇帝身体好，太皇太后就不会有忧虑。如果不爱惜身体，那就算您拥有四海，也不能算是孝。

讲了一大通，赵煦也许会纳闷了，这平白无故的，讲的什么呢？原来，范祖禹在秋天的时候听到一些传言，说赵煦在后宫已经有了心爱的女人了。他刚开始还不信，但是，数月以来，这传闻越传越真，最近甚至有说后宫中已经有怀孕将要生产的人了。枳句来巢，空穴来风，范祖禹就认为，这些传闻至少是有某种根据的。于是他劝谏赵煦说：陛下您都还没有皇后，就先近幸左右宫女，好色会危害身心，您这么早就搞这个，有损圣德，无益于圣体。

原来，范祖禹所说的要以圣德、圣体报答太皇太后，指的竟是这个啊！

他还进一步批评赵煦："陛下今年十四岁，而且您是十二月出生的，实际才十三岁，这是近女色的年龄吗？陛下上承天地、祖宗、社稷几重重任，要守着祖宗一百三十年基业，要成为亿兆人的父母，怎么可以这么不爱惜圣体呢？"然后范祖禹还举了仁宗在未纳皇后以前，完全不近女色，所以身体好、寿命长的事例，和赵煦现在的状态对比，又教育赵煦好色与好德所导致的后果会有何不同。

这通近两千字的奏章送给赵煦后，范祖禹因肠胃病请了两天假。但这两天里他一直思虑此事，决定再上疏太皇太后，因为他认为赵煦现在变成这个样子，太皇太后有不可推卸的责任。

他在呈给太皇太后的奏章中说，太皇太后您临御天下至今已经五年，天不亮就上朝，劳心竭力，只因为祖宗社稷与亿兆人民都放在皇帝手里，您要帮他致天下之太平。但是孟子说："天下之本在国，国之本在家，家之本在身。"陛下您教育皇帝、调护他起居，之前从来没听说有纤毫过失，但我现在听到的，却和从前不一样。外面议论纷纷，说皇帝已经快要有孩子了，这实在让人寒心。官宦人家的十三岁男童，尚且不肯让他们稍近女色，何况皇帝这样的万乘之主呢？陛下您爱子孙，却不留意这个，并非爱子孙之道哇！

这语气已经很重了。但他还没说完。他还接着说起当年章献刘皇后是怎么保育仁宗的，说她"最为有法"，仁宗即位到纳后以前，晚上都是睡在章献太后的寝宫，由太后亲自看着的。到她上朝、理政，没时间看着仁宗的时候，就把仁宗交给章惠杨皇后（就是真宗时的杨淑妃，和刘太后关系很好）看管，起居饮食，章惠太后都与他一起，这就是章献太后用意深厚之所在啊！所以仁宗"圣体充实，在位最为长久"。这是章献对于仁宗，最大的功劳。意思就是，希望高氏也能效法前代贤后，与皇太后向氏、太妃朱氏讨论一下如何"保育"哲宗。否则，几年之后，哲宗就会"败德乱政，无所不有",到时您就追悔莫及了!

范祖禹这两通奏章,可谓掀起了轩然大波。其实当第一通奏章进入前后,左谏议大夫刘安世也已经上章过问此事,同时批评皇帝借着自己生日的兴龙节罢经筵太久,只是语气较平和。

原来,这宫外的传闻正是刘安世首先听到的。他当时为自己的兄嫂找乳母,谁知中介过了一个月还没给他介绍,他就生气了,去问中介,中介说,并非我要怠慢您啊,只因宫里着急找十个乳母,今天才给他们找齐了送了进去呢。刘安世一听震惊了——这不可能啊,皇帝都未纳皇后,怎么可能要乳母呢?急忙去找相关机构的熟人打听,发现真有此事!第二天他就上章论列了。

太皇太后对此非常紧张,反应也非常迅速。十二月二十三日收到范祖禹对皇帝的奏章,她二十四日垂帘的时候已经留下吕大防解释此事。她说:"刘安世有文字说到宫中找乳母的事,他的用意很好,但他有所不知,这不是官家要乳母,而是先帝去世后,有一两位小公主,还需要喝奶,所以才找乳母。官家每晚都在老身卧榻前的阁子里面睡,当然不会像他说的那样。而且,收到他们的奏章后,老身马上去追查此事,果然不是。请你们告诉安世,不用再入文字劝谏了。"吕大防说:"谏官按规矩是不能与宰相相见的呢。"太皇太后就有点急了:"那怎么才能向安世解释清楚,让他不用再上奏章呢?"吕大防于是想了个办法:"范祖禹现在在实录院修实录,我是名义上的主持者,隔天就要去实录院,在那里我就一定会看到祖禹。他和安世同为门下省官,他俩能见面。我就把太皇太后的旨意让范祖禹传达给刘安世吧。"

多年以后，赵煦回忆说，他当时每晚都在祖母寝宫前面的阁子中睡觉，宫嫔等侍候的人有二十名，都是年长者。有一天，突然发现其中十个人都不是平日里看到的，过了不久，原先不见了的那十个人回来了，而另外那十个平日侍候的人被传唤走了。而且凡是换出去后又回来的，都是脸色惨白，神情忧伤沮丧，好像都哭过。当时赵煦非常害怕，却不敢问。后来才知道正是为了刘安世与范祖禹他们的奏章，太皇太后把赵煦身边侍候的人全都抓出去拷问了。

这件事虽然被证明是给事中和谏官们过虑了，但是，这其中的处理过程却显示出，在对皇帝的教育问题上，高氏的确非常用心，而且，基本上是由外臣在主导制定对哲宗的教育原则。

此外，由于皇帝受大臣们培养教育的场合以经筵为主，而经筵隔天才有一次，而且一到寒暑就会停止，所以大臣们一方面要求高氏尽量缩短寒暑停止经筵的时间，另一方面又通过高氏，对哲宗在不御经筵时的所思、所学有所引导。

如吏部尚书兼侍读苏颂就建议，让史官、学士收集新《唐史》中的君臣言行，在皇帝不御经筵的日子里，每日呈送几条有益于治道的典故，让皇帝对为政之道有所了解。太皇太后于是下诏照办。不久，相关材料编成，朝廷将它命名为《迩英要览》，成为赵煦平日里的新阅读教材。

此外，在元祐二年（1087）九月的时候，因为经筵官为皇帝讲读完《论语》，太皇太后以皇帝的名义在东宫宴请宰臣、执政、经筵官。席间，赵煦亲自挥毫，写成多幅唐人诗句，分赐给大臣。可见在那段时间里赵煦对唐诗颇感兴趣，而能在宴会上挥毫写诗赐给大臣，可见当天他应该也是兴致比较高的。

第二天吕公著为首的大臣向皇帝道谢的时候，太皇太后就开启了晒娃模式，她不无自豪地说："皇帝天资聪敏，在皇宫里只喜欢习字，而且还练得不错。昨天赐字给大家，就是想让大家看看。"可见，她当时对赵煦喜欢练字、喜欢唐诗是持赞赏的态度的。但过了几天，吕公著却给她泼了点冷水，且又给了她一些新期许。他先对她说了些"皇帝好学，天下幸甚"之类套话，然后就提醒她，学习儒家经典，以尧舜、三代为榜样，才是治道。"现在讲完了《论语》，接着将要讲《尚书》，这些都是圣人的格言，我已经在《尚书》《论语》《孝经》中摘录了一百段呈上，只是希望皇帝能用它来练习，在游意笔砚之间的时候，潜移默化，不失为一种帮助。"虽然没有明说写唐诗不好，但却也给了高氏"更好的"练字的材料。

过了一段时间，一天，三省在帘前奏对完，太皇太后就特意对吕公著说："你所进呈的《尚书》《论语》等要义百篇，现在皇帝已经按你所建议的，每日书写看览，也感觉到对学问挺有益的，的确与写诗不同。"

细想一下，赵煦在宴会上即席挥毫，写字给臣僚，但是臣僚们却说他写的内容不够好，要他写他们给他指定的内容。这对于赵煦来说，这会多扫兴。而臣僚们连赵煦日常练字的内容都要干涉，也可见外朝大臣们对赵煦成长的掌控力度有多大。

可以说，赵煦从元丰八年（1085）登基，到元祐九年（1094）亲政这九年间，高太后在内宫、朝臣们在外廷，无时无刻留意着赵煦的一举一动，从每天学习的内容到服饰、日用品、兴趣，到日常能接触到的人，都被他们无微不至地安排着。对于高氏与元祐重臣来说，是为了让赵煦日后能成为"太平之真主"，更希望通过潜移默化，使年幼即位的哲宗能认同他们的政治理念，在亲政后能继续他们的更化大业。

但是这些教育的效果如何？不好。非常不好。

三、望其臀背

哲宗是随同高氏一起临朝的。上文也说过，他在经筵上听的是老师对他的教导与要求，那都是圣贤之学。但是在朝堂上，他看到的是什么？既有朝臣们为了攻击政敌而深文周纳，为了派系利益罔顾事实甚至用最恶毒的语言诋毁抹黑；也有面对治河、役法、财政及辽夏等实际问题时各自高谈宏论，最后莫衷一是，相互指责。经筵讲读，是老师教给他的理想世界，而竹帘之外，那才是他能接触到的真实的世界。两者的反差，随着年龄渐长、理论水平渐高，他也看得越透。

但与此同时，在朝堂之上，在垂帘体制下，他的想法与态度也是长期被忽视的。在元祐初，几乎所有大臣在帘前奏事时，只要不是涉及皇帝本人的事情，都不会想到要征求皇帝的意见。坐在帘后的皇帝是透明的，是不被注意的。他被忽略达到什么程度？一次，赵煦长了疮疹，有很长一段时间没有上朝。程颐在经筵总无法见到皇帝，于是去找宰相问：皇帝已经好些天没上朝了，你们知道吗？宰相居然不知道，外朝没有人发现这一点。

程颐痛心地说："二圣临朝，皇上不御殿，太皇太后本来不应该独坐帘后。而且皇上有病而宰相竟不知，真让人寒心。"第二天吕公著等人上朝时才问候皇帝的疾病。但程颐也因此得罪了高氏，成为他后来被外放的原因之一。

问题是，在赵煦年纪还小的时候，朝臣们忽视他，这还说得过去，但是，到他年纪渐长之后，朝臣们却还无视他的存在，那么，在他心里留下愤懑不平之感也就不出奇了。

史称赵煦年纪渐长后，高氏在对他在帘后完全不说话也深感奇怪，在后宫里不止一次问他：今天某大臣奏事，你心里什么想法啊，怎么一句话不说呢？他却淡淡地回答他祖母："娘娘都已经作出处理了，那我还要说什么呢？"如果说，之前的沉默是因为他真的不懂，那么，自从能说出那样的话，已经说明他此后的不说，那都是故意的。他以他的沉默，对抗着他的祖母。

更何况，他嘴里不说，但耳朵却听着，心里都有一本账。

在绍圣四年（1097）五月的时候，那时赵煦已经亲政数年了。降授太子少保、潞国公致仕文彦博去世的消息传到朝廷。哲宗按惯例停止上朝一天以示哀悼。过了几天，枢密院在朝堂上奏事，哲宗就对曾布评论文彦博说："此人极不佳。"曾布非常恨文彦博，当然也煽风点火，说其实元祐的时候他已经八十多了，如果不应诏出来当政，足以促富贵，但他不但出来，而且还附和当时的人到这种地步。哲宗当时就说："他哪只是附和呀，他说话总是批评前朝，也就是我父亲，非常不恭敬。"可见，从他稍懂事起，每个人在他面前说过的话，他大部分都记得，对大部分人说的话，都有自己的想法。而且，他对他的父亲神宗，有着当时谁也没注意到的钦佩。这使他在听经筵官讲前朝宝训的时候，自然而然地有了不同的思考角度，在听帘前大臣们的主张时，也慢慢形成了对某些大臣的属于自己的印象。也许，他天天等着的，就是终有一天，由他正坐在垂拱殿，把这些对父亲不恭、"语斥先朝"的人一一揪出来进行惩罚呢。

可以说，元祐大臣们精心构思的"致君尧舜"实验，在赵煦身上是失败了。赵煦并不是不想当尧舜之君，但他想当的，不是元祐大臣们形塑的那种尧舜之君，而是像他想象中的父亲那样的尧舜之君。

到赵煦亲政之后，无论章惇、蔡卞、曾布等人在他面前如何争权夺利，他都宁愿容忍他们，也不愿因此而掺杂使用一些元祐大臣；尤其是那些做过他的师保的经筵官，他对他们的评价就更低，对他们的处置也更严厉。为什么呢？他曾不止一次提及少年时坐在帘后的日子。他说，他对元祐大臣们的印象就是："朕只见臀背！"也就是说，大臣们奏事，经常只对着太皇太后，而坐在太后对面的皇帝，他们却从来没有回头看过他，使他只能看到这些大臣们的后背和臀部。这里面埋藏了多少被忽略的怨恨！经历了九年压抑与扭曲的生活，早就习惯于"渊默谦恭"的评价的赵煦，在这些缄默背后所积蓄的想法与情感力量，又将如何喷发呢？日后又会造成多少腥风血雨？

在当时，并非完全没有人意识到这一点。曾任吏部尚书兼侍读的苏颂，在元祐后期成为右相，当时看到大臣们对赵煦的态度，就曾感叹道："到皇帝长大后，谁为这种情况负责呢？"所以，与其他大臣只对着太皇太后奏事不同，他每次对太皇太后讲完一件事，必然转身再对赵煦禀告一次，偶尔哲宗说一句话，他马上就提醒在场的诸位大臣认真听"圣语"，以表示对皇帝的尊重。

他的远见后来有了很深厚的回报。因为哲宗把这一切记在了心里。即使是在元祐年间，苏颂也是仅有的几位哲宗愿意主动对他发表意见的大臣。而到了哲宗亲政的绍圣年间，朝廷批量贬逐元祐大臣的时候，御史周秩跟风弹劾苏颂，结果哲宗就亲自为他解围，对周秩说："苏颂很知道君臣之义，不要轻易弹劾这位老臣。"结果直到徽宗时期，他都比较少受到政局变动的冲击。这在元祐重臣中是仅见的。

其实，到元祐四年（1089）时，不仅苏颂，朝中大部分大臣都已经意识到哲宗长大了。这也是高氏认为蔡确的问题一定要得到彻底解决的原因之一。因为他们也知道，元祐更化的理论基础太过脆弱，经不起"绍述"话语的冲击。

按照儒家关于孝道的理念，三年无改于父之道，这才叫孝。因此，哲宗一登基朝廷就举起更化大旗，这相当于陷赵煦于不孝。熙丰旧臣中不少人正是以这个理由来对抗更化之政。后来，这些声音只是随着熙丰大臣被放逐而暂时消停了一些。但，谁能保证在哲宗亲政时，这些人又不会旧事重提？如果真是这样，那就会给元祐重臣们带来灭顶之灾。因此，他们一方面极力打击熙丰旧臣，力求把他们置于不得翻身之处，让他们不得再回朝廷，另一方面他们也在为更化寻求合理化的理论。

司马光曾提出"以母改子"之说，也就是说，太皇太后高氏是神宗之母，在她的主持下修改神宗成法，就不算是哲宗轻易更改其父之道。但这毕竟在经典中完全找不到支撑，而且，这是站在高氏主导垂帘体制的立场上说的。但在理论上，垂帘体制应该是以皇帝为主，太皇太后只能是处于"权同处分"的辅助地位。因此，此说后来已经很少再被提及。

还有一种说法，就是神宗晚年已经很后悔进行熙丰改革以及进行开拓边疆、打击西夏等战争。而且，每逢要提拔一些在熙丰时不受重用的大臣，或者贬斥某些熙丰重臣时，他们总会说，这就是先帝本想要做，而没来得及做的。但这种说法也非常脆弱——毕竟正如本书前言中所说，神宗其实直至去世前，还在不断地调整与推动新法。如果神宗真的是有这么多事情都后悔了，为什么到临死的时候，他还在继续推动？如果神宗果然对这些大臣有类似感觉，为什么生前完全没有表露？你们是怎么知道他的想法的？因此这种说法也站不住脚。

哲宗要亲政的时间越来越近，而更化的理论却仍无法完善，这迫使元祐大臣不得不在这样的基础上，为哲宗的亲政做一些准备。

其一，朝廷内外绝对不能出现任何质疑高氏在哲宗继位一事上所起作用的声音，而且要不断造势，不断复述高氏如何再三辞避同听政的遗命，如何扶助赵煦登基。

其二，开始有大臣教赵煦如何"分别邪正"。如吏部侍郎兼侍读范百禄就曾告诉赵煦要"唯察言观行，考其事实"，并提供了十个观察的角度。这其实就是为哲宗亲政后，不受另一政治派别的"谄谀"影响而打的预防针。

其三，适当把熙丰时期比较温和的变法大臣召还朝廷，再次提出"调和新旧"的建议。其中标志性的事件，就是邓温伯的还朝。

元祐中，神宗时的翰林学士邓温伯三年守孝完毕，虽然遇到很大阻力，但高氏以及吕大防、傅尧俞等宰执还是坚持把他召回朝廷任翰林学士承旨。

当时，谏议大夫梁焘与门下侍郎刘挚都对此提出了质疑。但高氏一番话显露了她同意邓温伯重入朝廷的深意。首先，她说，邓温伯是延安府笺记，可算是潜邸旧臣。赵煦继位前为延安郡王，虽然赵煦从来未搬离皇宫，而邓温伯作为"王府笺记"也从来没有机会看到年幼的赵煦，但名义上邓温伯可算是哲宗的"随龙人"，召回他，相当于是对哲宗的一种安抚。其次，由于翰林学士承旨本是很有机会进入宰执行列的一个重要职位，所以高氏不无感慨地说："台谏们总是担心我会对邓温伯另外再加提拔，所以争论得这么厉害。但是，现在只能处理眼前的事情了，日后会怎么样，真不知道啊！每想到这一点，真是令人情何以堪。"很明显地，在元祐五年（1090）的这个时候，她已经开始为"以后"焦虑了。

此外，由于蔡确案导致范纯仁、王存等宰执去位，加上吕公著于元祐四年（1089）去世，平章军国重事文彦博致仕，因此当时宰执团体在元祐四、五年间陆续有了比较大的变动，有一些新的大臣进入宰执行列。这些新宰执，除了上文说过的颇有远见的苏颂外，还有最积极推动邓温伯复还旧职的傅尧俞。他相对于刘挚等人来说，是比较温和的。还有在神宗时曾任兵部侍郎的许将，虽然在熙丰时期被蔡确、舒亶陷害过，但回朝任尚书右丞期间，经常讲熙丰时期的典章、惯例给哲宗听。这些态度相对温和的大臣进入宰执层，似乎也预示着一个新局面的到来。

元祐后期还有一个值得注意的观察点，就是梁焘等人对垂帘体制脆弱性的认识。

作为元祐四年（1089）时使蔡确案急转直下的关键人物，他举报邢恕对蔡确的舆论造势时，显然是希望把重要的变法大臣都从重处理的。在元祐五年（1090）时，他也是反对邓温伯回朝的主要力量。但与此同时，他又是较早为后垂帘时代作准备的元祐重臣。或者可以这样说，对于梁焘来说，打击蔡确等新法重臣，本身就是为哲宗亲政而作的准备之一。

早在元祐四年（1089）四月，梁焘还是左谏议大夫的时候，他就当着皇帝与太皇太后的面提出，希望皇帝陛下能时时亲自处理政事，为将来临御独断、练熟机务打下实践基础。太皇太后的回应是："近来有奏章进呈入皇宫后，官家也常常与老身一起商量着办理，而且官家的主意与决断，都很圣明。"但上文也讲过，其实赵煦根本就不参与朝政决策，因此太皇太后明显是撒谎了。从各种迹象看来，对于赵煦的不理朝政，她其实是采取放任态度的，否则她完全可以请朝臣介入，劝说皇帝参与朝政。但现在她不但自己没有进一步说服皇帝参与朝政，而且面对提出要皇帝亲决政务的大臣时，还编了一个在宫中两人有商有量的故事来搪塞大臣们，这似乎说明，她还没准备还政于赵煦。

而赵煦对她的这种行为又是什么态度呢？史称，到元祐八年（1093），赵煦"久已纳后"，也就是已经成家很久了，却仍未亲政。就在那年，太皇太后得了重病，但是还时时在小殿中垂帘听政。后来高氏病危了，对大臣们说，我病太久了，怕听政完之后，无法自行回到寝宫去，怎么办呢？大臣们就同声禀奏，说可以在大庆殿陈设一下，让太皇太后暂时在那里歇息。大庆殿本是宋廷进行大朝会的地方，大臣们这样建议，也许只是想着它离垂帘的小殿近一些，方便安歇。没想到，大臣们的建议刚一提出，太皇太后还没来得及回答，一向默然的皇帝却突然从帘后说："自有故事。"意思就是说，太皇太后在上完朝之后，如果不方便回寝宫，应该如何做，自然有本朝先例可以遵循。表面上这似乎是提醒臣僚们要注意合乎礼仪，其实就是暗示，不应该安排她在大朝会要用的大殿里歇息。太皇太后在皇帝已经十九岁、自己已经病重的情况下还紧紧抓住权力不愿放手；从不发声的赵煦则在祖母病危时突然发声，而且还是质疑大臣们为祖母选的临时休憩之处，连继续沉默数日、使这祖孙关系以体面的方式结束都不愿意，那这祖孙之间围绕还政问题的矛盾有多大就可想而知了。

再说梁焘，在元祐四年（1089）的时候，他不但促请哲宗为日后亲政作准备，还敦促太皇太后为皇帝"早择淑德之女，以定后妃之仪，以正天下之本"。这明显也是在提醒太皇太后，皇帝已经成年了。这一点，朝廷上下比较容易达成共识。毕竟哲宗虚岁十五，也的确是要筹办婚事了。也正是在这之后，朝廷上下都开始行动起来，进入了为皇帝物色皇后人选的阶段。

到元祐七年（1092）哲宗大婚之后，梁焘又马上向高氏重提还政之事。他认为，在冬至祭天地之礼后，正是还政于哲宗的契机。只有高氏主动还政，才能成全太皇太后的"全德"与大功，才算是有始有终。可见，他对元祐后期垂帘体制终于要改变是有很深的危机意识的，他是希望高氏能通过还政，实现权力的平顺过渡，同时安抚已经成年的哲宗，这样才有机会使这段垂帘的历史有所善终。

可惜最后高氏并没有采纳他的意见。他在元祐八年（1093）六月时力辞执政之位，原因就是"信任不笃，言不见听"，可见他对高氏的决定并不认同。而高氏最后对权力的恋栈，也成为哲宗对高氏为首的旧法派、对旧法怀恨于心的重要原因之一。

当然，由于促成太皇太后还政、请求皇帝为亲政准备之类的话题太过敏感，所以实际上在整个元祐年间，提及相关话题的大臣并不多，高氏与其他执政为后垂帘时代所作的准备也非常隐晦。而与此同时，赵煦也在悄然地为自己亲政作准备，虽然他自己不一定意识到这一点。

首先是他在经筵上的表现变得积极了，与苏颂等比较尊重他的讲读官的互动有所增多。

元祐四年（1089）十月的时候，赵煦主动请讲读官为他把《三朝宝训》讲完。《三朝宝训》是记录宋代从开国之君太祖到宋真宗这三位皇帝的治迹的，同时也涉及对当时典章制度的源流、发展的一些记录。苏颂就禀奏说，陛下勤求治道，我们只怕力有不逮，不能好好启发陛下呢。结果赵煦还特意派遣内侍找到苏颂，对他说："祖宗治道，都是有根源的，您只要把这书讲完，那对我来说就已经很有启发了。"中书舍人彭汝砺也说，自己听闻皇帝在御经筵时就经常主动发问，经筵官梁焘也说赵煦的问题"未尝不及政事之得失"。针对祖辈的治道，赵煦体现出很强的求知欲，可见他在比较早的时候，已经在为自己日后的当政作知识储备了。

元祐七年（1092），赵煦已经听完《三朝宝训》，开始学习《仁宗宝训》了。当侍读顾临讲到本朝盐钞制度的时候，因为在宋代，盐钞是非常重要的财政收入，而且制度经常变，不同的区域又有不同的做法，特别复杂，所以旁听的左仆射吕大防就插口向皇帝解释钞法的来龙去脉。哲宗听了，大加赞赏。不久后，顾临又讲到水利问题，说当年王沿建议引漳水灌溉，王轸认为不可以。赵煦又要求顾临评论一下谁的说法可行。过了几天，当他见到吕大防的时候，就滔滔不绝地向他讲述本朝关于治理黄河的三种学说及其沿革、原理。虽然在朝堂之上他仍旧是默然无语，但是，在经筵这个高氏不在的场合，赵煦却对祖宗如何治国、前进政事得失特别感兴趣，与讲读官们反复讨论，显示出对治国更正的极大兴趣。

其次，他开始有了一些除读书、学经之外的个人兴趣，或者说，史书里也把它们作为一种正面的形象记录下来了。元祐六年（1091）三月，在延和殿听政的时候，太皇太后自豪地向臣僚们说，皇帝每天在宫内读书之余，有空还学习射箭，说他对这个很在行，学得也很快，才拿起弓箭开始练习不久，现在已经非常熟练了，能拉几斗的大弓来射箭呢。随后她还补充了一句：人君就应该文武兼修。可见赵煦这个新兴趣得到他祖母高氏的赞扬，而且似乎也没有受到朝臣的批评。

实际上，围绕着皇帝将在不久的将来会亲政的可能性，各方都在准备着，也包括高氏自己。

元祐八年（1093）八月，太皇太后高氏染病。宰执吕大防、范纯仁、苏辙、郑雍、韩忠彦、刘奉世等人入崇庆殿问候太皇太后。太皇太后自知不久于人世，因此特意问这些宰执们说："老身受神宗嘱托，同官家一起御殿听政，公等请试说一下，这九年来，我有没有以权为我们高家谋私？"吕大防连忙回答："陛下以至公御天下，何曾有把私人的恩惠授予外家呢？"太皇太后于是泫然泪下："当然了，只因为要秉持至公的原则，我家一儿一女从病到死，我都还不敢与他们相见呢。"的确，宋代后宫以严饬著称，而高氏掌权多年，虽然为了巩固自身统治，为了获得宗室与其他后家的支持，大增皇亲国戚的恩宠，为宋廷带来不少经济负担，但对于她自己的高家，却的确能做到大公无私。历代后妃当权、得宠时，极力为外家争权夺利的情况在在有之，而在她们失去权力或者去世后，外家遭到清算也几乎是必然之事。因此，高氏在病危之际，特意拉上一众宰执，当着皇帝的面说明她不私外家这一点，其实也是为了自己身后高家不受冲击稍作打算。这已经是她能为高家争取的最后保护了。吕大防如何不知道她这是在交代身后事呢？便安慰她道："最近听说圣体已经开始慢慢恢复了，请稍稍放宽心，只要好好吃药休养。"

太皇太后挣扎着，用她一向的坚定语气说："不是的。我的身体我知道。现在正是要当着官家的面把话挑明了。老身死后，一定会有人挑拨官家，请官家一定不要听他们的。而你们也得要早些请求退位，让官家好另选一批宰辅。"说完，还问左右伺候的人，社饭做好了没有，然后对宰执们说："你们先各自去吃一汤匙社饭再走吧。明年再吃社饭的时候，也好想起老身。"

原来，这天是秋社的日子，各家照例要祭祀土地神，君主则要祭社稷，因此要煮社饭。太皇太后人虽病重，但神志清醒，以邀请宰执们吃社饭为别，道尽了她从跟着宋英宗颠沛流离到成为统治国家的女主，最后不得不看着属于自己的时代落幕的那份心酸与不舍。

元祐八年（1093）九月，太皇太后离开了人世，享年六十二岁。在她身后留下的宰执有：左相吕大防、右相范纯仁、守门下侍郎苏辙、尚书右丞郑雍，中书侍郎、尚书左丞两个副宰相的位置空置。这显然就是高氏为哲宗亲政而作的人事上的准备。两个副相位置的空缺，使得哲宗不需要马上赶走原来的宰相而能用上自己合用的人。这也正是几天前提醒宰执们要早日求退的深意的延续。她应该已经意识到，哲宗至少是不会再完全继续她的元祐路线了。

一个时代落幕了，一个新的时代悄然开始。哲宗这位十九岁的掌舵人，将会为赵宋皇朝的历史打下怎样的烙印呢？

这个答案随着元祐九年（1094），也就是后来的绍圣元年（1094）三月的一份策题，猛然揭开。

元祐九年（1094）三月，哲宗皇帝亲临集英殿策问进士。题目是新任中书侍郎李清臣所出，由哲宗挑选的。李清臣和邓温伯两位熙丰旧臣，正是在此前一个月被召入为执政的。这样的人事安排，已经足够让旧法大臣们心惊了。而在策问题目里，还重新提及对新法的评价。

在这个题目里，先说神宗皇帝"十九年之间，凡礼乐、法度，只要是对天下有益的，都已经非常完备"，还以哲宗的口吻说"朕思述先志，拳拳业业，夙夜不敢忘"，甚至直接在策问里批评元祐之政效果甚微："朕已经临朝几乎十年了，但是，恢复以诗赋取士，却没看到由此选拔出的人才能力更强。取消各项新法的理财措施，罢去提举常平官，也没看见农民由此更富裕了。整个九年，差役、雇役众说纷纭，而役法更多弊病；治理黄河，要恢复故道还是让它留在改道后的新河道里，莫衷一是，最后导致河患日渐滋长。至于西北边境，我们放弃了土地，以安抚远人，但西北强敌仍然不停入侵。取消均输法、市易法，说这样可以便民，但现在仍然商旅不通，经济不繁荣。还有就是官吏冗滥，兵备废弛，饥馑接踵而至，各地寇盗仍然蜂起。"因此向参加殿试的进士们提问："这又是什么原因呢？这政策哪些应该沿袭，哪些应该改正？"

这个策题一出，士论哗然。因为此前围绕在皇帝身边的宰执、台谏们在太皇太后去世后，都纷纷上章，请求皇帝坚持更化，维持政策的延续性，而赵煦对这些奏章全部不置可否。当然，他逐渐下令恢复一些熙丰旧臣的官职，如降授通议大夫、提举洞霄宫章惇复资政殿学士、吕惠卿恢复中大夫等，并且召回了比较温和的熙丰旧臣李清臣，又重新安排治河事宜，这些无不显示出与元祐之政的不同。更明显的信号是，最坚守元祐路线的左相吕大防出知颍昌府，离开了朝廷。大家都在猜测时局可能要变了，但却又怀揣着某些侥幸，想要再观望一下哲宗的态度。如今，这样的策题一出，那答案就已经揭晓，皇帝真的是要否定元祐之治，要绍述神宗之政了。

正在这个时候，门下侍郎苏辙站了出来。他是元祐路线的坚定维护者之一。他首先对哲宗历数了神宗的多项事迹，包括终身不加尊号，裁损宗室恩宠以节约浮费，通过雇役避免无数家庭破产，改革兵制、官制，通过重禄仓法推动吏员的廉洁，禁止重要部门的官员私自与利益相关方交往以防止以权谋私，以袭扰的方法遏制了西夏的猖狂等，都是"先帝之圣谟睿算"，有利无害，然后提醒哲宗，这些新法自从元祐以来一直沿袭，并没有废止。最后他指出，除了那些事迹外，熙丰时期也有一些事情有所失当，但又哪一代不是这样呢？他的意思是，父亲在前面创立制度，儿子在后面继述父志，继述的应该是他勤政爱民的原则，而不应是机械地继承所有法度，包括那些不太便民的制度，这才是孝。然后他举了一些例子，包括汉武帝等"汉唐故事"。他说，汉武帝对外用兵，对内大兴宫室，使得财政枯竭，于是又推出盐铁专卖等法律来增加财政收入，最后导致"民不堪命，几至大乱"，到昭帝即位后，委任霍光主政，才重新稳定了汉室。然后又举出本朝各帝、后对前朝法制的继承，所以达到太平的例子，试图说服哲宗对改革之事要慎重。只是奏章送上去后，哲宗一如既往地没有反应。

最令苏辙担忧的，则是哲宗政策出台的行事方法。他在另一通奏章中表达了自己的不安。他说："陛下亲政至今已经半年，我们天天等着您的表态。如果您认为政策应该有什么要改的，理应宣谕我们这些宰执，共同商量怎么去改。但这半年过去了，我们一句话都没听到。第一次听说要推翻元祐之政，却是在策问进士的题目中。朝廷大政方针这么重大的转变，宰相不与闻，却是在策问中把这种朝廷的最高机密突然暴露，这真是让中外惊愕。"

苏辙认为，当时元祐初年的时候，如役法一事，就是突然按司马光的建议颁布，导致扰攘多年才稍稍安定。因此现在如果真要改，也应该更谨慎，慢慢来。为了证明自己并非固执于旧法的人，他还以元祐时自己对役法的态度为例。他说自己当时是台谏官员，每次都说差役不可以完全恢复，可见我也不是完全偏袒元祐之政。只是这样毫无预兆、毫无商议就突然更改，就容易有失误了。

苏辙所提的，其实正中哲宗的问题。由于他在临朝的九年里，一直处于可有可无的地位，因此他既不信任这些元祐重臣，在当时也尚未习惯与大臣讨论问题。多年的沉默，让他更习惯于在内心形成主见，然后一有机会，就实施下去。但这在宋代"与士大夫共治天下"的政治体制里，却显得突兀而难以被接受。

哲宗收到苏辙的奏章，本来已经不以为然，加上李清臣、邓温伯又在旁边添油加醋地去解释苏辙的奏章，到苏辙奏对的时候，哲宗就已经对他非常反感。他一见到苏辙，就开始指责他说："你用汉武帝的事情来与先帝类比，这种引论太失当了。"苏辙分辩说："汉武帝，是明主啊。"哲宗更生气了："你的奏章里分明写的是'汉武帝外事兵戎，内兴宫室，立盐铁、榷酤、均输之法'，意思就是说他穷兵黩武，到后来引起社会动荡，只好颁下哀痛之诏，这是在说明主吗？"多年没讲话的赵煦第一次在臣僚面前这样释放自己的情绪，声色俱厉地大声质问苏辙。皇帝用这样的态度来对待大臣，这也许是这帮老臣有生之年都没有见过的。苏辙吓得马上跑下殿去待罪，其余宰相大多噤若寒蝉。只有范纯仁，独自进身拱手对赵煦说："史称武帝雄才大略，是汉朝七制之主，苏辙用他来类比先帝，不能算诽谤啊。陛下亲政之初，进退大臣应该符合礼仪，不宜这么急暴啊。"这几句话提醒了赵煦，他稍稍收敛了怒意。

到散朝后，苏辙举起朝笏感谢范纯仁："您真是佛一样的存在啊！"但是，这样的朝廷他还能待吗？苏辙回家就递上了辞呈。

哲宗马上同意了苏辙的辞呈。作为卸任的执政，朝廷一开始按惯例给苏辙的官职是带着端明殿学士之职衔，知汝州。撰写制词的是权中书舍人吴安诗。但哲宗嫌吴安诗的制词写得太客气，诏令另一位中书舍人重新撰词。结果，正式颁给苏辙的这份正式的制词里就完全不给这位前执政面子了，直接说他"忘体国之义，徇习非之私"。同时，在哲宗的指示下，还直接夺了苏辙的职名，只以太中大夫知汝州。

此前，元祐八年（1093）九月，就在太皇太后去世后几天，苏辙的哥哥苏轼就已经被放外任为知定州。这位端明殿学士兼翰林侍读学士，刚刚卸任礼部尚书的朝廷高官，在离京赴任以前竟然无法获得入朝辞别哲宗的资格——那时赵煦才刚刚亲政没几天。如果考虑到苏轼在元祐年间所出的策问试题曾被认为是"诽谤先帝"，则可以想象赵煦对于那些他认为对自己父亲不敬之人的怨念有多深了。

其实，苏辙虽然是坚定执行元祐路线的一个官员，但他同时又有着当时官员少有的务实与理智。早在元祐之初，他就对太皇太后评论当时的宰执群体，说蔡确阴险，韩缜暴躁，张璪、李清臣、安焘都是气量狭小、才识短浅，只是持禄固位而已。作为倾向于旧法的大臣，对熙丰旧臣有这样的评论是自然的了。但他同时也看出门下侍郎司马光、尚书左丞吕公著，"虽有忧国之志，而才不逮心"，这实际上是"志大才疏"的委婉说法而已。

唯一特别的是他对枢密使章惇的评论。他说章惇"虽有应务之才，而其为人难以独任"。也就是说，他虽然也认为章惇无法做能够独当一面的宰相，但是，却是上述宰执中唯一被他评为有才的。回顾元祐年间这几个人的表现，不得不说苏辙看人非常精准与客观。此外，他与其兄苏轼在任地方官多年之后，也意识到了雇役的好处与差役的不足，即使是在蔡确诗案刚过去，旧法大臣完全执政，完全排斥新法内容的时候，他俩仍在为饱受差役之苦的百姓与州县发声，反对全面恢复差役法。就凭这些言行，苏辙在元祐宰执中不失为清醒之人。

然而可惜的是，赵煦虽然非常反感元祐时期对新法的极度排斥，但是，到他自己掌政之后，却也同样陷入了"逢元祐必反"的困境里。苏轼、苏辙作为元祐重臣，其观点并非完全不对，但只因为被赵煦认为两人诋毁过神宗，就首当其冲成为了被清除的对象。这似乎预示着，虽然哲宗准备高举绍述大旗，继述其父之志，但他却不是基于对神宗推行变法的背景、原则与目的的理解去继述父志，反而继续了元祐时期的某些"为反对而反对"、意气用事的处事风格。

但是不得不说，无论是有意还是无意，赵煦从元祐八年（1093）九月祖母去世到元祐九年（1094）三月，整整隐忍了半年时间，一直没有明确表达自己的路线倾向，然后借策题事件一举向天下公布自己的选择，这对于绍述的启动本身却是有利的。因为一开始亲政时，赵煦在朝廷中是孤独的。当时即使是那些被认为比较温和的宰执，也大多倾向于旧法。因此只有在政治态度暧昧不明的掩护下，赵煦才能得以逐渐在朝廷中安插自己人，而且还不至于引发旧法大臣太强烈的反对。然后，在不经过与元祐宰执商量的情况下，直接把自己的心意向天下公布，又能让这些宰执们猝不及防，无法组织起有效的反对攻势。如果这真的是哲宗自己有意为之的做法，那就只能说明这位年仅十九岁的青年真不愧为"英睿"。

在策题事件后，哲宗一不做二不休，在元祐九年（1094）四月干脆宣布当年就改元，改元祐九年为绍圣元年。"绍圣"顾名思义，就是要绍述先圣（即神宗）之治。这个年号的颁布，就已经宣告了亲政后的哲宗，政治取向上已经与元祐决裂。

四、"绍述"了什么？

在哲宗亲政初期有一个有意思的现象，就是首倡绍述的并非熙丰旧臣，而是元祐时期进入台谏系统的官员如杨畏、来之邵、虞策、郭知章等人。在元祐时期他们之所以会被提拔到台谏的位置，当然是由于从高氏到元祐宰执都认为他们是认同元祐路线，能与自己同声同气的人了。但也正是这批人，在哲宗亲政之初就开始鼓动他驱逐吕大防、召回熙丰旧臣、追责元祐时对西夏妥协之臣、贬斥修撰《神宗实录》的官员。由此也可以看出，如果说神宗时期变法君臣为了减少变法阻力，通过选拔认同变法路线的官员进入台谏体系，打破了从宋初开始强调的台谏与执政官员要有矛盾、要"异论相搅"的祖宗之法，那么元祐后期选入台谏系统的官员，则更是一群毫无独立政治倾向的见风使舵之辈。而偏偏却是这样一批官员，迎合赵煦对神宗与高氏的感情，促成了绍述时代的开启，不能不说是一种讽刺。

也正因为绍述之政是以这样的方式，通过这些人来开启的，那就注定了它所关心的就不会是裨国助民之道，而只会是权谋之术了。

绍圣初政，最为显著的一个特征体现在对元祐大臣的贬斥之上。在哲宗的推动下，大量元祐臣僚被贬逐、削职、夺走恩例、监视居住，甚至被除名勒停，有些官员即使死了也不允许归葬故里。朝廷还追贬司马光等已经去世的元祐重臣，甚至一度讨论要不要开棺鞭尸。与元祐时大臣们对蔡确、章惇等人的用词类似，在责降元祐大臣们的诏书中也是极尽贬低他们之能事。而且，显然是出于报复的心态，打击面也比元祐时期大为扩大，甚至祸及子孙。绍圣二年（1095）时三省就说："司马光、吕公著倡为奸谋，诋毁先帝，变更法度，罪恶至深。当时他们的同党也与他们同恶相济，其中一些人因为已经死去，无法对他们正典刑。而他们在死的时候曾经领受过朝廷之恩，有荫子孙亲属的，如果因为他们死了而一切不问，那怎么告诫后世的乱臣贼子？"所以决定追夺其中一些大臣的谥号以及他们的子孙因为荫补而得的官职，如王岩叟、范祖禹、刘安世、朱光庭、刘挚、梁焘、王珪等人的儿子甚至被勒停，"永不收叙"，也就是永远不能当官。

在这当中，对教育哲宗最用心，对其个人生活管教最多的程颐自然也在劫难逃。当时他虽然已经被放归田里，但是哲宗不愿放过他，要求把他送去"编管"。编管是比安置更重的处罚。安置是指被贬的官员要按规定去往被安置的州，而且活动受监视限制；而编管则是犯官首先要被除名勒停，也就是被革职，然后追毁入仕出身以来的所有档案，包括在京的人事底册中的名字都要除掉，再按普通庶人那样被课役然，最后还要在被贬去的地方受监视与管制。可见哲宗对这位老师不但毫无感激之心，反而显得特别嫌恶。

当年蔡确诗案发生时，范纯仁等人不无忧虑地说，朝廷已经六七十年没有把宰执大臣贬去岭南了，现在此路一开，后患无穷。现在看来不幸被他言中。由蔡确被贬死新州而引发的报复性打击中，吕大防被责授舒州团练副使、循州（今广东潮州）安置。苏辙责授化州别驾、雷州（今广东雷州）安置；不久后，又诏令宁远军节度副使、惠州（今广东惠州）安置。苏轼责授琼州别驾，移送昌化军（今海南儋州）安置；昭州别驾、贺州（今广西贺州）安置。范祖禹移送宾州（今广西宾阳县）安置；新州别驾、英州（今广东英德）安置。刘安世移送高州（今广东高州）安置。这可都是岭南之地。而当年力主痛贬蔡确的刘挚与梁焘，一人被责授鼎州团练副使、新州（今广东新兴县）安置，一人责授雷州别驾、化州（今广东化州）安置，他们也尝到了烟瘴岭南的滋味。更为恐怖的是，在这一场对元祐大臣极为惨烈的排挤中，梁焘与刘挚很快就先后去世，当时也有人怀疑他们是死于非命的，而且传闻朝廷还将派遣大臣去广南东路察访，意图"尽杀元祐党人"，这在旧法大臣当中又引起了更大的恐慌。

在这个过程中，只有个别经历过熙丰、元祐多次党争而又相对理性的熙丰重臣，还在努力调和新旧矛盾。如曾布就对章惇、蔡卞等人说："追夺恩泽这种惩罚太重，此例不可启。如果日后万一这些奸人重新得势，报复就陷入恶性循环，那我们的子孙辈都会为人所害的。而且司马光、韩维的家人，得到朝廷恩泽做官已经几十年了，一时间全部被褫夺，也太不近人情了。"章惇争辩道："韩维几年前才致仕退休，他们家领了恩泽不算太久。"曾布又劝他："那也已经有五到七年了。而且韩维在位也不久哇。如果真要惩罚，那就只动司马光、吕公著两家就算了，而且也不应该触及他们的孙子。他们凶恶，我们的惩罚止于他们自身就可以，不如，就只追夺他们自己的官职？"章惇听了，可能觉得曾布太过迂腐了，笑道："他们都已经死了，就算鞭尸那又有什么用呢？追削他们的官职于事何补？只有追夺他们的恩例，让他们的子孙受创，才是实实在在的打击。"曾布还是不无忧虑，提醒章惇，"这样干你肯定是爽了，但是，还是要谨慎啊，我没有别的意思，只是觉得此例不可启而已"，与章惇反复争论。只是以当时哲宗的情绪，曾布的声音终究还是太微弱了。

最终，为保证对元祐党人的打击毫无遗漏，朝廷还陆续进行"编类元祐臣僚章疏"的工作，也就是把元丰八年（1085）四月之后所有批评过新党、新法的章疏，分类编排，作为是否应该被编入元祐党籍进而大力打击的依据。

由此也可见在绍圣年间，新党对旧党臣僚的打击已经到了无所不用其极的地步。

更可怕的是，这种爬梳旧奏章，从中找出打击对象的做法，一直持续到赵煦去世。不难想象会有多少官员因此遭殃。而这一做法更深远的影响是，这一举措后来还被徽宗与蔡京效仿，用于打击一切不太认同他们的人。

这时，如果对比一下熙宁、元丰时期的情况则会发现，在神宗的统治之下，那些不满新法的官员，在公然拒绝推行新法后，还可以申请领个宫观闲职，领着朝廷俸禄，在洛阳优游赏花、集会，同时博取好的名声，那可真是一个遥远的幸福时光。这本是赵煦最应该继承的神宗的遗产，但可惜没有人告诉赵煦这些。那些享受过赵煦父亲这种宽容的礼遇的大臣在掌政之后却把这些抛诸脑后，他们在元祐时期展示给赵煦看的，并不是对异论者的宽容，而是对神宗所青睐的大臣们的穷追猛打、不依不饶。结果，在他们的言传身教之下成长起来的赵煦，以绍述之名所继述的，就不可能是神宗之志，而只会是元祐党争之恶了。不知道这些大臣在谪居地贫病交加的时候，能否想到这一点？会不会明白他们"致君尧舜"理想失败的症结所在？

当然，虽然绍圣时期在人事上打击元祐旧党耗费了极多政府资源，但它毕竟只是绍述之政其中的一个侧面。在政策上恢复熙丰之政，才应该是继述的重点。自从改元以来，全方位模仿熙丰时期的做法也开始密集地被提上议事日程。

绍圣元年（1094）四月，朝廷宣布恢复熙宁四年（1071）时的乡役制度；闰四月，殿中侍御史井亮采奏罢司马光执政时期设立的十科举士法，恢复元丰年间的太学生考试制度；五月，诏令进士罢试诗赋，专治经术……总之，在这个时期上奏的官员，只要说自己所提的建议是"先皇帝所定"的法度，朝廷就会统统批准"并依熙宁、元丰"法令恢复。

但问题，在熙丰时期，变法君臣每出台一项政策，都有其明确的目的，都是为了解决当时的某种问题。如保甲法针对的是基层治安与募兵费用过大的问题，雇役法是解决州县运行成本转嫁给民间的问题，农田水利法是为了提高农田的开垦率，均输法是为了流通财货……而绍圣时期对熙丰法令照猫画虎的恢复，其目的是什么？纵观绍圣时期君臣之间的对话、臣僚们的奏章，包括赵煦在内，大部分人都说不清楚。况且，从元丰末到绍圣初，毕竟也已经相隔了九年。这九年时间里所颁布的法令，就真的是对熙丰法度的完全否定吗？

为方便对比，还是以役法为例。

元祐七年（1092）九月，距离太皇太后高氏去世还有一年，那个时候朝廷颁布了最新一项关于役法的决定。这是经过元祐年间多方博弈最终形成的对元祐役法的总结，其内容非常详细。

其一，规定了役钱的具体用途：每年所征收的役钱，计提其中一成作为准备金，其余全部用于雇役。如果积存五年，也就是当准备金总数超过一年所收役钱的五成，那当年开始就不再计提当年的准备金。这一规定比熙丰时期的进步之处在于，熙丰时期役钱的准备金每年计提两成，而且年年计提，无穷无尽，导致州县中积存的准备金，也就是"宽剩役钱"比每年要征收的役钱总额还要多，却因为没有相应的法律规定，所以这些准备金不是白白地积存在那里，就是被州县借机挪用。元祐初很多大臣都反映州县笔库充满，穿着钱的绳都烂了，却因为没有合法的支出对象，州县也无可奈何。这其实也是役钱导致民间钱荒的原因之一。而元祐七年（1092）的役钱制度相当于让计提的准备金有了一个上限，那就可以有更多的役钱用于雇役了。

其二，规定各地收上来役钱要划出一部分，由路级机构统一调配，以帮助那些差役频繁的地区。由于全国各地经济、地理位置、人口等因素，各地职役负担非常不平衡。这一版本的制度则明确规定，如果州县发现本州役钱用尽还不足以雇佣足够的代役人，以使民户有特定年限的休役期，那么，就可以向本路转运司申请调拨本路其他地区的役钱过来雇役，以保证被轮差的乡户，上户有四年以上、下户有六年以上的休役时间。从这个规定也可以看出，元祐七年版役法其实也并没有完全恢复到熙丰时期的全面雇役的状态，而是差、雇兼行，以雇役辅助差役的办法。这主要是针对北宋时北方商品经济不太发达的情况所做的调整。因为北方民户在务农以外的谋生手段不多，因此很难赚到铜钱，但是他们在冬天又比较空闲，所以宁愿通过亲身应役的方法来履行义务而不愿意交役钱。而南方，尤其是江南、四川地区的农民副业非常多，冬天也能通过副业赚钱，因此他们宁愿交钱而不愿去服役，不愿因为应役而影响他们做生意。这也是熙丰时期雇役制在北方受到较大阻力而在南方比较受欢迎的原因。元祐七年役钱制度的这个改动，就是考虑到北方民户的需求，但同时因为允许通过役钱雇役，所以在南方州县役钱充裕的情况下，也可以以雇役为主。这种办法，明显是整合了熙丰役法与司马光役钱两者的优势而作出的新尝试。

其三，针对传统上拿来补助役钱的另外一些政府收入，如各地官府出卖官府专卖品的收入、在交通要道设卡征收的商税等，都可以用于支付衙前费用，如果还有剩余，那就也可以用作雇役的经费。

其四，对地方官府不法行为的申饬。诏令上说，按朝廷所掌握的信息，各路助役钱每年只用了一半，都没能用完，使得有些地方差役很频繁。"这是当职官吏不体谅朝廷法意，专门挤占役钱，不切实执行雇役以舒缓民力而导致的。"所以各路监司、州县一定要按照下面的规定来做，如果不仔细推行，朝廷必定遣官按察，加以处罚。

这个元祐役法的"最终版"，其实已经和司马光在元祐初直接恢复嘉祐差役时的样子有很大区别了。它正是在这几年的实践中，经过民众、地方官府与朝廷的反复博弈之后形成的一个各方都比较满意的版本。尤其是其中指责州县不体会朝廷法意，不切实雇役的文字，居然是从一再强调要恢复差役的元祐朝廷的诏令里发出来，看起来像是拿错了剧本。

所以历史进程的吊诡之处就在于此。元祐年间，高氏为首的朝廷为减少更化的阻力，或者说是为了增加更化的合法性，最后是以绍述之名，行更化之实。但实际上却是，目标为恢复嘉祐旧制的"更化"，在实际的执行中却不得不向现实低头，一边实践一边调整，调整到最后，竟然越来越接近熙丰模式，而且成为熙丰模式的改良。换言之，至少在役法上，元祐朝廷是以为自己打着绍述旗号行更化之事，最后却真的是做了绍述之事。

其他一些熙丰时期影响较大的新法，在元祐也有类似的遭遇。如保甲法，就是自始至终都在执行，只是组织教阅的方法在不同时期与地区有所调整而已。再如农田水利法，也是以治理黄河水患等形式在变相持续着。

然而绍圣年间，高举绍述旗帜所进行的改革又是怎样的呢？

再以役法为例。

哲宗对整个元祐政策的看法当然非常负面。但问题是，他对熙丰役钱制度的印象偏偏又是他早年垂帘时从太皇太后与朝臣的议论中听来的，最多就是加上身旁其他宫室旧人的讲述。而元祐大臣批评熙丰役钱制度时最常用的指控就是"聚敛"，说王安石是以征收役钱为借口来搜刮民财。也许"聚敛"一词因此就深深刻入哲宗的脑海，他很难体会到神宗初立役钱制度时既有解脱民户亲身应役之苦，又有帮补地方财用，使之完善行政职能的多重用意。至于差役、雇役如何相互配合才更顺乎民情，役钱在州县财政中应该起什么作用，这些估计他是很难听到有见地的理性讨论的。所以到了绍圣初，当三省官员对他说，役法制度尚未就绪，建议委任户部郎官郭茂恂、陈佑之为检详官，比照役法条文，重新制订役法的时候，他就显得很不解："直接用元丰旧法，然后减去宽剩钱不就可以了？这对于百姓来说有什么不便呢？"他还曾对章惇说："恢复雇役法的话，收钱的时候要合乎民意，如果百姓不愿意出钱，就不要勉强。就像宽剩钱，哪用征收这个呢？难道朝廷还需要用它来补贴财政吗？"这就明显可以看出，他真的以为熙丰役法的问题只在于宽剩钱，同时以为役钱的征收真不需要宽剩钱，却完全不知道役钱除了要用来雇役，还要用于支付以前由应役人负责的州县运行经费。这和元祐初年司马光以为直接恢复嘉祐差役，那差役顽疾就可以自然解决一样幼稚。

面对哲宗的不明所以，当时还在副相位置的范纯仁的劝说则比较务实。他认为全国那么大，四方风俗不一，只有按当地情况立法才能长久，而这个也需要过程，所以他赞同调拨官员去专门计划此事，而不宜急促。他的意见得到了哲宗的认可。他不但同意把这件事先交给户部商议，而且可能就在此后数天，就已经成立了看详役法所作为研究恢复熙丰役钱制度的立法机构。

就在几天后，侍御史井亮采迎合哲宗急于恢复熙丰役法的态度，向哲宗说："陛下修复先帝役法，这不简单吗？朝廷只要说一句话，我们就可以拟定诏旨，恢复雇役，不必搞什么收集过去的役法条例，也不必搞什么重新编修。"这时哲宗的态度就已经显得比之前沉稳，对于这个建议，他自己都懒得理，直接就说："把井亮采的建议也送去看详役法所。"

哲宗对役钱征收的看法，并不是像神宗那样基于"富国"以及解决宋朝社会经济与财政困境的现实考虑，而是很大程度上出于想追述、补完他想象中的父亲的理想而来。所以他的绍述，一方面继承他父亲的率钱雇役之法，另一方面就更着意于削弱役钱对财政的补助作用。秉承他的意旨，看详役法所于是多次申明裁减宽剩役钱，又下令各路的"出等高强无比极力户"，以前要出免役钱一百贯以上的，每征收达一百贯，就减免三成。所谓"出等高强无比极力户"，是宋代的一种特殊户等，专门用于标记各地极为富有的家庭。但这类家庭在各地都不多，而且与官场有着千丝万缕的联系。对这些家庭减免役钱，与其说是宽纾民户，还不如说反映了这些富户的活动能量已经达到了可以影响朝廷决策的地步了。

也正因为哲宗并不是完全理解熙丰役法的形成背景与目的，因此他也就比较容易被朝臣所利用，而绍圣时期的主事大臣与提举司的政治理想也已大异于熙丰时期。因此绍圣役法的出台，快得有些不寻常。

从四月四日哲宗提出要恢复熙丰役钱制度，到四月二十六号中书就出台诏令，其间只经过不到一个月，这与前后经历两三年才推行的熙宁役法无法相比，比元祐初期饱受质疑的司马光役法的酝酿时间还少了近半年。也正因为役法出台的仓促，也导致了里面的很多措施存在明显漏洞。

例如，恢复雇役的诏令四月出台，当年七月就要起征役钱，过渡期显然过短。因为在熙丰时期，各地役钱的征收方式就已经很不一样。有按户等收的，有按拥有田产的亩数直接摊派的，还有按播种时所用的种子数量来征收，不一而足。这在当时都是经过多次博弈才确定下来的征收办法，确定后又经过建档、备案、上申朝廷，最后才成功收到役钱。现在经过九年的差役，各种账册、簿书全部要重新编定，民户的财产要重新统计；州县的雇役预算、代役人数量、工钱、申领工钱的办法等，全部要重新计算。而且这还是在一千年前的宋代，州县之间没有高速公路，统计财产还要去田间地头；县里的会计办法非常简陋，用的是手工写、算、抄，而且因为元祐差役的缘故，在州县里做会计的人，还很有可能是字都不认识几个的农民。不到三个月，就要征收完毕，无疑是天方夜谭。

再如，熙丰时期，役钱随夏税或秋税起征，这对于农民来说比较方便。但在这个役法里，却统一指定为七月一日起征。因为夏、秋两税是按收获季节征收的，南方相对早，北方相对晚，所以如果役钱统一在七月一日起征的话，有些路分的农民每年除了交夏、秋两次税，还要另外再交一次役钱，十分不便。

还有其他各种规定，在颁布后受到地方反对的情况在在有之，导致绍圣元年（1094）六月至八月，户部看详役法所连续对雇役条文出台补充说明，这才使绍圣版本的役法逐渐合理。

与此类似，绍圣年间恢复保甲、保马、常平、青苗、市易等熙丰旧制时，或多或少都经历过类似的学习过程。

有意思的是，虽然绍圣君臣对元祐深恶痛绝，但从绍圣役法来看，它又部分地继承了元祐的成果。也就是说，虽然从主观上，绍圣所要"绍述"的是熙丰之政，但到最后执行时，往往却是熙丰、元祐并"述"。

在此期间，熙丰时期曾参与变法的大臣如曾布、章惇等人成为哲宗最重要的左膀右臂。而这些股肱之臣本身也并不拒绝元祐之法。如绍圣二年（1095）八月，章惇等人编修完《新修敕令式》，由章惇在赵煦面前朗读，赵煦就发现其中有一些是元丰时没有，而用元祐的敕令来修订的。赵煦就问章惇："元祐的敕令居然也有可取的地方吗？"这位上台后就极力倾轧元祐大臣的章惇却也不否认，他们都在吸收元祐制度的养料："取其善者"。

这种在人事上对元祐大臣穷追猛打，但在政策上却新旧混用的做法，在绍圣朝廷上并非孤例。绍圣元年（1094）十月，左朝奉郎、权发遣开封府推官常安民被提升为监察御史，在垂拱殿接受哲宗的召见。哲宗问他："如今的政事，你觉得怎么样？"意思是让他评价一下绍述以来的政果。常安民则借此提醒哲宗："在元祐的时候向皇帝进言的，都以熙宁、元丰之政为非，而以元祐之政为是；现在向您进言的，肯定都是以元祐之政为非，而以熙宁、元丰为是。这其实都有失偏颇。先帝之所以改革，是因为天下太平日久，不无积弊，所以需要变革。然而到元丰末年，也开始有了想要安定下来的趋向。陛下继位之初，也就是元祐的时候，也只是顺应这个趋势，更注重社会的稳定，因此稍稍改变了神宗的大有为之政。现在向您进谏的,却把这一切都打倒,我希望陛下能以公正平和之心去听这个话,不要拘泥于新法、旧法,只以恰当为原则。"对于这种比较平和务实的言论,哲宗也没有排斥,还对执政赞许常安民公正而不迎合。

但可惜的是,这些持平之论在朝中太少,而哲宗接纳此类议论的场合也不多。因为毕竟徒法不足以自行,一切法令都需要由人来执行。而在绍圣大力打击元祐党人的氛围之下,朝廷所能用的,或者愿意用的,就只有那些极力诋毁元祐之政的人,而且这种风气有时还造成朝臣之间在丑诋元祐言论方面的竞赛——能罔顾事实攻击元祐大臣的人才有升迁的机会,这就相当于是把一大批务实的,对国家与百姓有担当的正直官员排除出政府之外。我们仅从通过激进恢复熙丰旧法而成为专管财政的户部尚书蔡京的言行就可见一斑。

绍圣三年(1096)五月,左正言孙谔针对役法有这样一番议论:"役法是一代之大法。对比元丰与元祐的役法可见,元丰所收的役钱多,而元祐所收的役钱少;元祐时虽然收得少,但是州县政事并未受影响,如果是这样的话,那就多收不如少收。发放给役人的雇钱,元丰多,元祐少;虽然发放的工钱少,但也不会说没人愿意报名应役,那这样的话,就少发比多发要好。然而这是否就说明元丰不及元祐呢?不是的。因为元祐的役法大纲仍然是出于元丰,只是对元丰役法的调整而已。如果少给点薪水也能雇到人,那官府就可以收少点役钱,百姓出役钱就更容易,于是役法就可以行稳致远。"同时,他还举了各地在推行雇役时的一些偏差,认为这是由于从熙宁到元丰,又经元祐更化,积聚了一些问题,所以他"愿陛下博采群言，不要以元丰、元祐为间，而是要以百姓都能得到公平的待遇为旨归，把新的积弊重新厘革，那就真是太平盛世了！"

当然，从本书前面的分析可以知道，与当时很多没有亲身参与过役钱制度推行的人一样，孙谔对代役人工钱与宽剩役钱的想法是片面的，少给薪水在元祐年间其实也闹出过大事。但他的立足点却并不是否定熙丰役法，只是强调应该吸收两者的长处，随时微调而已。从熙宁到元丰，役法本身也已经经历了几次比较重大的变化，熙丰重臣在绍圣年间恢复新法时，也不乏吸收元祐时政策的。至于他在具体建议上的不合实际，完全可以就事论事地反驳他。但是，在别有用心的人看来，这番言论却是重要的把柄。翰林学士蔡京在看到孙谔的奏章后，马上向朝廷递交了一份报告："孙谔说什么元丰多、元祐少、元丰重、元祐轻，还说多不如少、重不如轻之类的，分明是说元丰役法不如元祐了！还借口什么随时调整，既然能调，这就暗示元丰之法不一定对，元祐之法不一定不对了！在陛下今日正要追述继承神宗之时，他敢讲这样的话，我觉得太震惊了！现在我们恢复免役法已经将近一年，天下吏民既习惯，又平静，而孙谔这时却说它有弊端，那就是诋毁前朝。而且，元丰是雇役，元祐是差役，雇和差不可以并行，他这样说什么调和，就是要助长元祐的奸志，要迷惑天下，破坏绍述！"

蔡京所用的话术主要分三步。一、断章取义，扭曲说话人的原意，说孙谔认为元丰不如元祐，将其观点往反对变法派的言论上靠。二、混淆视听，把事实的真相极端化。如蔡京关于元丰与元祐役法的总结里，说差役、雇役不可两立，其实熙丰年间乡役也不是用雇法的，而在元祐年间，州县役与衙前也不是完全用差法，也就是说，两个时期其实都是差役、雇役兼行的，不同的只是两种成分何种为主而已。而这一切，蔡京不可能不知道。因为他在元丰、元祐时都曾任地方官，还在元祐初年知开封府时，五天之内全部改雇役为差役，成为当时唯一一个按时"更化"的官员而受到司马光表扬。但此时他却不再提及这些"政绩"，故意说什么"差、雇不可并行"，欺负赵煦对实际情况的概念模糊，强调元丰、元祐的不可调和。三、通过质疑孙谔的动机，一路上纲上线，说他的观点与旧法大臣刘挚一样，力求让皇帝主观上认为孙谔的政治倾向有问题。

结果赵煦也被他搞得非常疑惑。当赵煦带着这个问题向曾布咨询时，曾布连忙为孙谔排解。毕竟曾布正是当年主持出台雇役法的人，他还曾自告奋勇在朝堂之上批驳反对雇役的刘挚等人，因此孙谔的言论与刘挚算不算性质一样，曾布最有发言权。他向哲宗说，孙谔应该不是这样的意思。而且，他也进一步提醒哲宗，现在台谏官中，正直的人，已经只剩下孙谔等一两个了，希望哲宗再给孙谔机会，再察看察看。但是，孙谔最终还是被免去了言官的职位，赶出了朝廷，去广德军任知军去了。

纵观哲宗亲政的整个绍圣、元符年间，他所追求的"绍述"的主要效果就是分对内与对外两部分。对内，就是从法律条例的层面，表面上恢复了大部分熙丰新政的措施；对外，则是继述其父神宗之志，跑去西北"开边"。其中开边的成效比较显著，一是取得了对西夏战争的优势，二是在河湟地区迫使唃厮啰政权归降，宋军取得了青唐城（今青海西宁）。但是内政方面，恢复新法的各项措施却收效不显，有些甚至还为日后大宋王朝的整体衰败埋下了伏笔。

内政方面，哲宗的"绍述"理想大多基于对他父亲神宗的不切实际的想象。毕竟，他从小在一个扭曲的政治环境里长大，所听所闻都是诋毁熙丰的话语，于是他对熙丰时期的理解就容易陷入一种由于叛逆心理而产生的经过美化的构想。长大亲政之后，又处在另一个扭曲的环境里，所听所闻都是诋毁元祐，阿谀熙丰的。在这样极端政治化的环境里，他并不理解其父与王安石当初所面临的困境，不知道他们要变法的真正原因，也不了解当时促成熙丰变法的国计民生问题。结果，他所谓的"绍述"，在内政上就只能是有样学样、有名无实的虚空模仿。

例如，在熙丰时期，神宗削减宗室恩例以节约国家财政支出，为了减少来自宗室的阻力，他还以身作则，终身不接受尊号。但与此同时，他又增加了官员的俸禄。这样做的目的，其一是为了激励更多的官员积极投身变法之中，其二是这些对官员的奖励也是建立在对违法贪赃者重罚的基础上的，因此可以算是重禄养廉的一种方式。也就是说，薪水给足之后，如果还有官吏贪污，那么这些贪污的官吏就要面临比以前更重的刑罚。到元祐时，高氏为了取得赵家宗室的支持，大幅增加了对宗室的优待条件，这就违背了神宗想要节约财政的初衷，为北宋后期的财政危机埋下伏笔；同时，以节约浮费为名，不但削减了官员的俸禄，而且也取消了大部分吏员的"食钱"，也就是薪水。此外，没有官员身份而又在官府里做事的"吏员"的薪水也被大量取消；而作为熙丰变法的一部分的惩治贪污的"仓法"也被部分取消了。因此当时基层官吏实际上已经部分恢复靠勒索、盘剥百姓来养活自己的状态。到绍圣时，本应重新提高官员俸禄的同时，也重新启用仓法，以保障政府的廉洁与高效。但哲宗却颁布了这样一个诏令：元祐初削减官员的俸禄，所削减的开支不多，却有损朝廷优待臣僚的名声，所以，现行元祐间颁布的条例全部废除，依元丰旧制给俸禄，但是元祐年间给宗室成员增加的俸禄则仍然以元祐办法施行。

这样一来，表面上似乎恢复了熙丰旧政，也笼络了人心，但其实质却是，不但神宗想要通过削减宗室恩例以节支的理财原则被废弃，而且，由于只给官员增俸，却不与惩罚贪渎官员的"仓法"相结合，因此也没有引起神宗时想要达到的高薪养廉的目的。

还有就是乡役负担加重的问题。在熙丰前期，保甲与雇役是新法中两个不同的体系。在差役中，最低层级的乡役负责乡间的治安与收税等工作，当时是比较轻松的，甚至有时还有一些"油水"可捞，因此一般不会成为百姓负担。所以在熙宁雇役法颁布的时候，为乡役预留的雇钱就很少，有些地区甚至没有雇钱。但是，随着人口、社会经济的发展，加上新法推行时需要基层配合工作，导致乡役的工作量大了，负担加重了，承担乡役的人就开始无力负担，于是在乡村里的大量工作就被转嫁到了保甲组织的头目身上。保正、保长本来是在保甲推行后，在乡村里被推举出来负责治安工作的头目，现在却成为了没有工钱的乡役人员，而且他们的工作负担还越来越重。到了元丰时期，朝廷不但没有解决这个新问题，反而出台法律事实上承认以保甲代替乡役的合法性。这其实是任由百姓的负担加重。绍圣年间，既然哲宗说要绍述，那本来应该在熙宁与元丰之中，找个相对好的法令来继承。但是，虽然哲宗也曾短暂颁布过法令，规定不能以保甲人员义务代应乡役，但很快又在大臣的建议下，转向了元丰雇役的样子，也就是放任保甲与乡役混合，最后保甲就取代了北宋前期的衙前役，正式成为整个职役之中最沉重的役种。这样不以国计民生为导向的绍述，无疑只是表面功夫。

所以，当"绍述"的政治理想和在元祐、绍圣的政治氛围下挑选出来的人格与能力都相对低下的大臣相结合，甚至在后期又被像蔡京这种别有用心的大臣所利用，那这个国家走向堕落就是不可避免的了。

稍可安慰的是，哲宗毕竟是有建立"大有为之治"的雄心的，因此他为政相对勤勉，学习也相对主动，而且他与宰执们的关系也相当好。

绍圣时期所用的熙丰旧臣如章惇、曾布、蔡卞、许将数人之间矛盾重重，但他却能居于中立，同时稳定地使用他们，这也许是由于哲宗对元祐之臣的嫌恶，使他不得不依靠较有能力的熙丰旧臣，但这在客观上也还是保持了绍圣朝政的某种稳定局面。后来，当以绍述之名出台的政策每每受挫，最后不得不反复更改后，他才慢慢地开始懂得了向实践低头。可能，到了绍圣后期，赵煦也逐渐接受了熙丰时期的政策并不是他想象中那么完备。到绍圣四年（1097）三月，哲宗终于表示，绍述之政与熙丰旧制相比，"只要大致的原则相似就可以了"。这似乎标志着哲宗在政治理念上的成熟。

可惜的是，这个成熟来得太晚，而对于极想效仿甚至超越其父，完成其父未竟之事业的哲宗来说，他的生命又结束得太快。

尾声　不是不想"建中"与"靖国"

元符三年（1100）正月，年仅二十三岁的哲宗因病去世。

哲宗生前曾有数个子女，但是，宋朝皇室的孩子夭折率非常高，到哲宗去世的时候，他的子女全部都先他而离世了。高举绍述大旗的皇帝溘然长逝，宋廷再一次面临不确定性。

与神宗去世时尚有未成年的赵煦可以继立不同，哲宗没有子女。那么，皇位继承人就只能在哲宗的兄弟，也就是神宗的其他儿子之中选择了。哲宗的嫡母向太后无子，而哲宗的生母朱太妃除了哲宗以外，还生了一个儿子，被封为简王。宰相章惇本来是主张由简王来继位的。但是，作为皇太后的向后显然不愿意让太妃朱氏成为先后两位皇帝的生母。而向后作为神宗皇后，自然比妃嫔更有发言权。于是在她的坚持和知枢密院曾布等其他宰执的支持下，神宗的另一位妃嫔陈氏所生的端王赵佶成为了新的皇帝，他就是后来的宋徽宗。

宋徽宗以藩王入继大统时，已经虚岁二十。作为成年皇子，他已搬出皇宫好几年了。但为了政权的稳定，同时也是对向后选择了他作为皇帝的一种回报，在他登基的时候，就请求皇太后向氏垂帘同听政。于是，宋廷又再次出现母后临朝的景象。

只是，向后的这一次垂帘与元祐年间不太一样。一来，因为徽宗已经成年，他本来在法理上与能力上都是可以独断朝政的。二来，这位向后与高后相比，性格也相对温和。因此这次的垂帘，其主导者就不再是母后，而是赵佶。但由于向后同情旧法，因此，她的垂帘听政也引起了新法大臣的普遍担忧。就在徽宗登基的当月，尚书左丞蔡卞就在奏对中几次不无深意地说："天下大计已定，关键是先帝的法度与政事应当持守。"还有意无意地问太后："皇太后一定完全知道神宗政事的来龙去脉吧。"这既是对作为神宗妻子的向后发出的提醒，也是对徽宗的试探。章惇性格更直率冲动，他直接就说："神宗政事如此完备，可惜中间遭逢变乱，真令人切齿！"明白地告诉帘后的两位最高统治者，元祐之政是对神宗政事的破坏，不应该再出现。可见他们俩十分担心元祐时期新法大臣遭受迫害的情形又会再次出现。

但是，知枢密院曾布的态度却非常暧昧。他当时只是说："事情只有是非之分，要坚持什么，还是以公议为是。"言下之意，就是无论新旧，只以是非为标准，要坚守什么，那得要看公议。

作为熙宁初就被神宗重用，积极参与变法的熙丰重臣，曾布这样说，又是什么用意呢？

原来，在哲宗时期，虽然所用的都是新法大臣，但这些大臣之间也是矛盾重重，只是在哲宗不置可否的调护下，矛盾才没有总爆发。在这些人之中，曾布比较会动脑筋。他一方面鼓动哲宗对尚有较大影响力的元祐重臣如司马光、文彦博、刘挚、王存、王岩叟等人进行清算，但另一方面，又以爱惜人才为由，向哲宗推荐旧党中比较中立的孙觉、李常等人。此外，与哲宗独处时，他还借着哲宗对自己的信任，处处或明或暗地排斥章惇、蔡卞、蔡京等新党同僚，暗示他们正在结党营私，借绍述之名排斥异己，甚至向哲宗指出，章惇等人对旧法大臣的打击已经超出他们的罪行的程度，而无不出于私怨。由此，他在哲宗面前营造出了一个中正不倚，只忠于皇帝，只为大宋社稷的长远利益谋划的良好形象。

在面对家人对自己做法的疑虑的时候，曾布曾经对弟弟曾肇说起自己这样做的原因："我从熙宁以来就进入中央，到现在，世事变迁，只因为当年不与熙宁、元丰之人雷同，才得以在元祐少受党祸冲击；也因为在元祐时不附会当时的掌权者，到绍圣时才得免被中伤的命运。我现在坐视两党之人随着政治风向的变动而受祸，我自己则泰然自若，那是因为我在政治风波中毅然中立，总是自问无愧于天，无负于人。"他认为这就是他受到神灵保佑的原因。

曾布这样做，固然是出于巩固自己地位的需要。但是，为什么营造中立的形象就能在大倡绍述的绍圣、元符年间确保立于不败之地呢？这和哲宗元符年间政治结构的再一次变化有关。

首先，哲宗虽然信任新法大臣，但是，绍圣重臣之中，章惇与蔡京之间、章惇与蔡卞之间、邢恕与林希之间、邢恕与安惇之间同时存在各种明争暗斗。亲政已经数年的哲宗不能毫无感觉。所以，表现得与上述大臣都没有什么私交、不事事认同他们，就给哲宗留下了更好的印象。此外，元祐重臣在进入绍圣之后，或是由于年老，或是由于备受打击，已经纷纷离世，而且由于当时规定他们的子孙也不得录用为官，所以其实元祐大臣的政治能量已经大大削弱。而与此同时，由于绍圣年间对元祐大臣的打击太过惨烈，打击面也过大，连某些中立之士，仅仅是就某个具体政策提个意见都会被网罗进打击名单，所以朝廷内外其实也积蓄了不少对旧党的同情和对新党的怨气。因此，在这个时候，适当地以"感召和气"之名，让那些被贬到过于边远、条件太差的地区的大臣迁往内地，给仅剩的元祐大臣一些安慰，调和一下新旧矛盾，就不失为一种顺应时势的做法。就在元符二年（1099）间，曾布就已经向哲宗推荐了包括陈瓘、韩忠彦等元祐旧臣，而这也为曾布在朝中树立了调和新旧、"中正不倚"的形象。

正因如此，在面对新君登基、母后垂帘、政局不明朗的局面时，曾布就表现得比较淡定。

就在向后垂帘的第二个月，旧法大臣范纯仁、吕希纯、王觌、韩川、刘奉世、唐义问、吴安诗、吕陶、苏轼、刘安世等一大批元祐党人或被恢复官职，或是被允许移到条件相对好的地区，更让新法大臣担忧的是，朝廷再一次下诏求言。要知道，上一次下诏求言，正是在元祐初，为推翻新法而作的舆论准备之一。

诏书一下，那些久被压抑的因与元祐之政相关问题而被贬逐的官员纷纷上疏，不是为自己或亲朋请求昭雪，就是批评时政，仅有记录者就已达数百人。这时，章惇、蔡卞、许将、蔡京与曾布的地位就显得非常微妙了。

　　在向后与大臣商议立谁为嗣时，由于章惇首先发表意见拥立朱太妃的另一个儿子简王，因此引起了向后的不满。当向后提出要立端王，也就是现在的皇帝赵佶的时候，历来口无遮拦的章惇又冲口一句"端王轻佻，不可以君天下"，得罪了徽宗。而一直对章惇不满，却没有挑明的曾布，却抓住了这个机会，马上接了一句："章惇未尝与我们商量，皇太后圣谕极当！"不但撇清了自己与章惇这个意见的关系，还力挺了皇太后的意见，争得了策立徽宗之功。

　　此后，当朝廷商议这垂帘体制应该如何确立的时候，又是他首先提出来，大家奏事的时候，要先向皇帝禀奏，再去报告皇太后，这无疑是确立了徽宗在垂帘体制中的主导地位。这一来又拉近了皇帝与自己的心理距离。因此，当中外纷纷上章，章惇、蔡卞、蔡京等新法大臣也先后受到言官的弹劾、被逐出朝廷时，曾布却能稳如泰山。

　　元符三年（1100）七月，向后还政，徽宗正式掌握朝政。当时谁也不知道，他将翻开大宋皇朝的最后一页。

　　元符三年（1100）十一月，知枢密院事曾布迁为尚书右仆射兼中书侍郎，正式成为宰相。

　　徽宗登基后的第一次改元，年号名为"建中靖国"。这个年号表明，当时无论是向后、徽宗自己还是宰相韩忠彦、曾布等人，均有调和新旧、平息纷争之意。这也正合曾布所提出的"元祐、绍圣均为有失，欲以大公至正消释朋党"的政治主张。

　　但仅仅一年之后，徽宗就把自己的年号改为了"崇宁"。所谓崇宁，其意自然是推崇熙宁，这是要向天下表明，皇帝放弃调和"新旧"的方针，而要重新高举绍述大旗了。短短一年之间，政策出现了这么大的转向，原因何在呢？

这期间曾布与其弟曾肇，以及他与徽宗的互动过程，或者可以说明一些问题。

建中靖国元年（1101）的七月份，徽宗要曾布把元祐时诋毁先朝人的姓名再次收集整理后交给他。同时也要求他和朝廷举荐尚未入朝的人才。说明这个时候，徽宗已经在为绍述作准备了。收集元祐党人的姓名，那是要重新把他们清除出朝廷，甚至要再次贬逐、责罚。举荐尚未入朝的人，那就是为绍述积蓄人才力量。

曾布一方面试图挽回这种即将出现的局面，但另一方面，他却并没有极力阻止。他对徽宗说："陛下想要用持平的政策，用中立的人，打破朋党之祸，调和天下，这谁敢不以为然呢？最近，偏见异论之人各自偏袒自己的朋党，又有报复结怨之意，在陛下面前议论纷纷不肯停止，导致陛下您对他们的厌恶，这当然是他们之罪。然而，元祐、绍圣两党都不可以偏用。我听说江公望曾经对陛下说：'今日之事，左不可用轼、辙，右不用京、卞。'我觉得非常有道理。因为苏轼、苏辙与蔡京、蔡卞虽然政见对立，但他们的处世方式却是一样的，无法容纳与自己意见不同的人。如果这些人进入朝廷，一定免不了要夹带私怨，相互报复、伤害，这样天下士大夫又怎么能安定呢？他们感到不安，那朝廷也不会安宁。"

但是，面对曾布的劝说，徽宗只是微微点了点头。因为，站在这个年仅十九的青年君主的角度，他有着和曾布不同的考虑。

元符三年（1100）八月，曾布之子曾纡在自己写的《景灵西宫记》中追述了神宗的功业。他说："神宗皇帝对于应该做的事，别人怕难办而不敢做，他一定会去做；对于应该革除的弊病，别人无法改正的，他也一定会去改革。对任何需要考虑的方面都事先制订了完善的制度，对于需要预防的隐患都有了妥善的准备和安排，对所有典章制度都作了周密的安排，所以在他的统治下，兵备严整，士气高昂，前所未有。借以用兵，于是能使五溪的民族也成为冠带之民；开拓洮陇，使之成为我们管辖的范围；在边疆绝域也与内地一样置官设吏"，各种功绩说明，"非至神大智，谁能与于此乎！"。

景灵宫是宋代的第二太庙，而曾纡的这个《景灵西宫记》，是为徽宗登基后大规模兴建景灵西宫而作，这篇记本身就代表了徽宗本人对其父亲神宗的评价。可见，徽宗与哲宗一样，对其父是充满了崇拜之情的。更何况在徽宗之前，他所敬爱的兄长哲宗已经开启了绍述之政，在徽宗看来，父亲神宗开启变法之潮流，而哥哥哲宗则拓边西北，取得极大的成果，那么，作为一个入继大统的新君，他岂能如曾布所希望的那样，以调和、安静为治国原则，让自己成为神宗、哲宗两座高峰之后的一个低谷呢？

而且，从曾布的话里，也能看出在建中靖国这一年里，出现了一种令徽宗厌恶的现象，那就是曾布所引入朝廷的那些本以为比较温和的元祐大臣，已经开始在徽宗面前喋喋不休地各陈私见，开始了新一轮对新党的倾轧。

在徽宗继位之初，曾布已经成为宰相，而章惇等人尚未还朝，当时曾布的弟弟曾肇曾经写信责备他哥哥处事不谨慎，不愿意加大引用元祐大臣的力度而一味对章惇等人的党羽妥协，他说："您与章惇、蔡卞不是一条心，这是大家都知道的。在绍圣、元符年间，这两个人但凡有可以排挤您的机会，就总会无所不用其极，这也是大家都清楚的。如果他们得志，一定不会放过您。就算您愿意与他们解开仇恨，他们也一定不信您真愿意这样做，也一定不会听您的。所以您与他们共事，则不单社稷、百姓、君子、善人受他们的祸害，甚至我们曾氏家族也一定会被害的呀。您现在刚刚做宰相，执掌国政，皇帝也信任您，正应当引用善人，扶助正道，使那些小人没办法得逞，杜绝章惇和蔡卞之徒重新被起用的可能性。但为什么这几个月以来，世人谓的善人端士相继离开了朝廷，而偶尔有几个还留在京城的，也只是把他们放去做个闲官，以致他们意志消沉，没有进取的希望？您现在所举荐进入宰辅、台谏这样重要位置的，又往往都是此前和章惇、蔡卞沆瀣一气的人。现在您的气势正盛，他们不敢说什么，如果哪天您稍稍失势，他们肯定不会援引那些元祐时期的善人，而是去引用章惇、蔡卞的人作为靠山了。皇帝天天听到的都是诋毁元祐之政的声音，而那些正人君子又未必能被皇帝所了解，如果万一他们引用章惇、蔡卞的人，到时等到章惇、蔡卞还朝，先不说别人，我们曾氏家族就离大祸不远了！"

曾氏兄弟在这方面比较特别。曾肇是倾向旧法的元祐大臣，因此他所说的善人、君子，指的是元祐大臣，而曾布则是坚定的新法支持者。但这不妨害两兄弟有深厚的感情。当时曾布就回答他弟弟说："皇帝陛下刚刚登基的时候，深知此前的弊害，所以才要收录元祐时期被贬窜的人，贬逐绍圣时对朝政不利而哲宗皇帝没来得及处理的人。这是为了破朋党之论，泯异同之迹，本来这是大家握手言和的好契机。无奈元祐之人却顽固不化，凡是在皇帝面前发表议论，都是称颂元祐而贬低熙丰的。罔顾事实，也不理皇帝的好恶，总想让皇帝顺从他们的心意，这才使皇帝越来越愤懑抑郁，越来越讨厌他们。但他们却不想想自己做了些什么，却以为皇帝对他们的讨厌是因为我，所以才合谋并力，一定要把我除掉而后快。皇帝知道这件事，于是才对他们更不满了。"

由此可见，元祐大臣并没有因为朝廷召用他们而庆幸、而感激，立志放下仇恨报效朝廷，反而是认为自己即将重新得势，于是就可以重启对新法大臣的攻讦与报复。这引起了本来就倾向新法的徽宗的极大不满。这可以说是引起徽宗政治立场转向的一个重要原因。

面对皇帝意愿的改变，一向以皇帝旨意为重的曾布终于还是向徽宗提供了所谓的曾经诋毁先朝，在绍圣、元符年间曾由哲宗亲自决定不能重新起用的人员名单。但同时也告诫皇帝："无论是元祐还是绍圣两党，都是以倾轧对方为事，如果选拔他们入朝，朝廷一定又陷入相互报复的无穷无尽的地步。况且，这些人也不会意识到祸福权柄实际上在于君主，如果宰相一变，则但凡不是宰相一党的，就一定会受害了。这又岂是朝廷之福呢？"曾布知道，徽宗想要绍述，所以一定不会重用元祐党人，因此他所忧虑的，正是徽宗会重新起用章惇、蔡卞、蔡京等死对头为相。因为历经多次党争的曾布深深知道，只有他们才有能力加害于他。

为了让徽宗对熙丰旧臣的感情有一个宣泄的出口，他甚至引导徽宗说，那些被贬的人，可以让他们在一个名藩巨镇里任地方大员，但一定不要让他们进入朝廷。也就是说，给他们名利，却不应该让他们进入朝廷影响中央的决策。曾布还利用自己对神宗朝政事、典故熟悉的优势，特意对徽宗说："在神宗的时候，就算有异论的人，都不会狠狠责罚他们的。而是到了元祐、绍圣年间，才出现这种相互报怨的做法，形成朋党之祸。"这虽然是为了进一步防止自己日后被清算，但是他所举的神宗朝对异议者的宽容，却是事实。

而哲宗、徽宗朝所缺的，正是这个。

曾布的担忧是对的。就在他极力反对徽宗重新起用绍圣大臣之后不久，徽宗改元崇宁，全面开启绍述之政，同时召回蔡京。

蔡京作为见风使舵的高手，极力迎合徽宗想要绍述神宗之政的意图，不断鼓励他走得更远。终于，在与蔡京的权力斗争中，表现得中立持平，试图调和"新旧"的曾布，这个经历多次党争而免受冲击的不倒翁，最终还是倒下了。此后，徽宗与蔡京联手，果然掀起了一场更为血腥的大清洗。在这次清洗中，不但旧党中人纷纷中招，甚至连当年的新法中坚章惇、曾布等，也被罗织了"力援元祐之奸党""破坏绍述大计"之类的罪名，被贬到偏远州军安置。很多新近被网罗之人，很多都不是元祐政策的同情者。他们有的只是因为得罪过蔡京，而有的，却只不过是因为对新法的某项政策提出过中肯的意见。

例如，无论是熙宁、元丰还是元祐，每次朝廷改法，总会让地方上书说明当地在推行该法的过程中的不便之处，然后委托中央的相应机构专门针对当地，出台特殊政策，即颁布所谓"一路、一州、一县敕"。这在北宋时期是司空见惯的。至于各地根据当地情况，在政策允许的范围内自行微调具体条例的情况，那就更是不胜枚举。所以在建中靖国时期，朝廷要求各地上书诉说前朝得失的时候，其实各地的上书中就有很多根本不是反对绍述的，而是就推行新法过程中遇到的具体问题向朝廷提意见。其初衷不过是希望朝廷能允许他们根据本地情况"随宜立法"。这些意见中，有些是说希望削减手力、乡书手雇钱，有些是请求为承担"衙前重难"者增加补贴，也有些是想要增加负责管理仓库的"斗子"的人数，如此说来，全部都不触及新法的根本。但到了崇宁三年（1104），有臣僚翻出旧账，说这种行为是"以私意变乱旧条"。于是，对"旧党"的打击面迅速扩大。其中如户部侍郎吕仲甫，因为曾建议过修改役钱的宽剩率，于是"朝廷照其奸弊，特蒙黜责"；户部尚书虞策等人，因为要负责协助州县修订本地条例，结果被冠以"无所畏惮，辄更先帝旧制"的罪名。诏书中说他"冲改役法五百九项之多，岂宜宽贷？"但他作为管理财政的户部尚书，根据各地所申而修改条例本来就是他的本职工作。但在"崇宁"的旗帜下，这些大小臣僚，统统都被追究责任，编入"奸籍"并远贬。

崇宁二、三年间，仅是由于对役法提供了建议而被贬逐的臣僚就数不胜数。如"朝散大夫王古谪授衢州别驾，温州安置；枢密直学士、新差知成都府虞策降为龙图阁直学士；中书舍人吕益柔提举杭州洞霄宫；直秘阁、新知应天府周纯特落职，管勾舒州灵仙观；新知淮南路转运副使周彦质管勾建州冲佑观；知随州程筠监兖州东岳庙；差权知淮阳军陆元长监西京中岳庙"。政和五年（1115）十一月三日，徽宗更下诏，说熙宁的常平、免役法，"纤悉具备"，从今以后，如果有顺便就说要调整、变更的，"以大不恭论"。

成法已经达到不许议改的程度，这是自熙宁以来第一次。如此一来，朝廷上下，气氛骤然趋紧，以往言官竞相就役法言事、争辩的情景一去不返。

熙丰变法由神宗与王安石共同发起，最后到了神宗的儿子手上，却逐渐由改善宋代民生、行政、财政、兵政的尝试，转而真正成为朝廷清除异己与聚敛的工具，丧失了它的活力。

而这一切还是在继述神宗之志的旗帜下进行的。

正是借着绍述之名，徽宗与他的新一代"新法大臣"最终抛弃了"建中"和"靖国"的国策，使大宋的航船驶入了更加风雨飘摇的末路穷途。

后　记

"宋朝往事"系列要出第二辑了。耿老师在让我选题目的时候，我兴致勃勃地选了"更化与绍述"这样一个主题。因为它涉及一群我很感兴趣，但又一直没有机会好好观察的人物。

我最近几年在研究宋代的制度变迁，这让我自然而然地对那些为制度变革鼓与呼的官员、士子比较熟悉，也明白他们的逻辑所在；但当遇到那些坚决反对变法的士大夫们，如司马光、富弼、刘挚等官员，却感到异常困惑。如果光从他们的奏章看来，不乏有违常识或逻辑有漏洞的内容，但他们却能理直气壮地与变法派大臣在朝堂上、在官衙里针锋相对，有时并不落在下风。当他们在政争中落败，被迫蛰伏时，大多又一直坚持自己的反对变法的立场。但问题是，是什么使他们相信自己的行为就是在践行"贫贱不能移，威武不能屈"，而不是食古不化、不式王命？熙丰时，他们在远离朝廷的这十几年里，如何持续地获取对新法的认知？这段经历在元祐时又将如何影响他们的为政与为人？这又将给"更化"带来什么？这让我对他们处江湖之远时的生活与交游充满了好奇。

元祐时代，是反对变法的士大夫们得以一申前志的时期。在"更化"大旗下，在有利于旧派的政治氛围中，这些曾经的反对派掌权，其观点得以尽情呈现，他们的理念得以实践，也使我们这些相隔千年的后人，得以一窥他们的施政效果。正是在这样的对比中，我发现，在"反对变法"这面旗帜的笼罩下，他们的想法却是如此多样。

当家方知柴米贵。执政前心心念念要全面推翻新法的司马光，在他执政的短短数个月内，不但能够落地的废除新法的措施不多，而且他自己此前坚持的一些政策也出现了松动。

实践出真知。因为反对新法而被逐出国都的官僚们，有些也在为官地方的过程中，逐渐体会到了新法的意义。苏轼、苏辙兄弟最终成为雇役法的拥护者；范纯仁不主张立即全面废除新法；吕公著也认为新法中最重要的三项，都可以通过调整保留下来。

位置决定想法。元祐初坚决打击新党，在彻底打倒蔡确的"车盖亭诗案"中发挥重要作用的刘挚，从御史的位置调任执政后，逐渐意识到了对新法大臣赶尽杀绝的危险，在元祐后期推动了"调停"之举。

在公，主张"更化"的大臣们为了新法、旧法应否实施，在多大程度上实施等问题争得面红耳赤；在私，这些元祐重臣们，却由于同年、同僚、同乡等关系，仍然与新法大臣维持着千丝万缕的联系，这又给哲宗亲政后的朝廷带去了更加复杂的底色。

元祐时期，虽然在人事上首开有宋以来对政敌大规模倾轧的恶例，但同时，由于在执行中的不断调整，一些新法中的重要内容不但逐渐回潮，而且，有不少居然在元祐重臣们的喊打声中、在州县官员的依违之间逐渐完善。从这一角度看，元祐实在是以"更化"为出发点，却在无意间部分绍述了新法的余绪。也正因此，使我不得不为哲宗亲政后开启的"绍述"之政而感到可惜。

哲宗生于深宫，养于妇人之手，即使这位"妇人"是大权在握的太皇太后高氏。这位八岁丧父，在祖母高压下长大的少年天子，出于对父亲的崇拜而对新法有天然的好感。可惜他对熙丰新法的概念，主要来自高氏及其执政群体的扭曲式阐述，再加上亲政后自己身边那些熙丰旧臣出于不同目的的"演绎"，他既无法亲身体会到父亲与王安石推行新法时的初衷，也对新法在熙丰时期演变的原因不明所以。于是，当他怀着极大的热情试图去继述父亲之政时，心中有的只会是先帝创立法度的丰功伟绩以及未竟的收复大业，从而对一刀切地"是熙丰、非元祐"的政治话语推波助澜，使大宋皇朝失去了实事求是地调整熙丰新法，从而真正继述神宗遗志的机会，也离王安石当初所说的"摧抑兼并、便趣农"，先发展生产、培养税源，再收复汉唐故地这样的政治理想越来越远了。所谓"绍述"，更像是对新法精神的抽离。

当然，如果说绍圣时期的绍述，由于哲宗对其父的尊崇而尚有可取之处的话，徽宗时期所谓绍述，则真的是借绍述之名，行聚敛之实，终启宋社覆亡之祸端。可见说，这才是对新法最彻底的"更化"。

在大宋皇朝从中期的波澜壮阔的革新试验，走向末期积重难返的旅途上，"更化"与"绍述"无疑是两个十分重要的导向，但在这两个词语下的行事与为人，却远比这两个口号要复杂。在这本通俗的小书里，似乎不宜把枯燥的制度变迁拿来抽丝剥茧，因此，我试图从"人"出发，观察这些制度背后"人"的风云际会与政治取舍，希望能从中揭示出制度变化背后的另一重面相。

黄敏捷

2022 年 6 月